HYGINUS

FABULAE

Eine Reise durch die wundersame Welt
der griechischen Mythologie

Die *Fabulae* des Hyginus sind ganz gewiß kein Handbüchlein der Moral, sondern vielmehr ein antikes Vademecum der Psychopathologie, in welchem, unter dem dichten Geflechte der Metapher des Mythos verborgen, die tiefsten Abgründe der menschlichen Seele liegen. Weder künstlerisch noch inhaltlich ein Ovid, ist der Hyginus die denkbar beste Einführung in die griechische Mythologie, eine Sammlung von etwa 220 Mythen, welche in aller Kürze und Würze unkompliziert erzählt werden. So ermöglicht dieses Buch nicht nur den raschen Erwerb unverzichtbarer Grundkenntnisse im Bereich der antiken Mythologie, sondern hält sich unserer modernen Gesellschaft zudem als ein Spiegel vor, den verständigen Leser der Tatsache versichernd, daß am wenigsten der aktuelle Mensch moralisch fortgeschritten und über sich hinausgewachsen ist.

Lucius Annaeus Senecio, geboren 1973, hat Altertumswissenschaften und Kunstgeschichte studiert. Er ist klassischer Humanist und Moralphilosoph sowie ein scharfer Zeit- und Gesellschaftskritiker. Als Verfechter der klassischen Ethik, Ästhetik und Bildung ist er insbesondere ein entschiedener Gegner des modernen Schul- und Universitätssystems, welchem gegenüber er das antike Humanitätsideal eines Cicero, Seneca und Erasmus vertritt. Durch die erneute Zusammenführung der römischen, griechischen und biblischen Weisheit schuf er eine in heutiger Zeit einzigartige ethische Lebenslehre, welche er ohne akademischen Dünkel auch in Seminaren und Vorträgen vermittelt. Darüber hinaus lehrt er die klassischen Sprachen Latein und Altgriechisch an seinem Sprachinstitut *Ad Fontes*.

HYGINUS

FABULAE

Eine Reise durch die wundersame Welt
der griechischen Mythologie

Lateinisch-Deutsch

Übersetzt, eingeleitet und mit Anmerkungen versehen
von Lucius Annaeus Senecio

AD FONTES

AD FONTES
Klassikerverlag

Bibliographische Information der Deutschen Nationalbibliothek
Die Deutsche Nationalbibliothek verzeichnet diese Publikation in der Deutschen Nationalbibliographie; detaillierte bibliographische Daten sind im Internet über http://dnb.d-nb.de abrufbar.

3., durchgesehene und verbesserte Auflage

Umschlagmotiv: Peter Paul Rubens und Jan Wildens,
Raub der Töchter des Leukippos (1618)
Covergestaltung, Layout & Satz: Hypatia H. Senecio
www.adfontes-klassikerverlag.de

ISBN 978-3-945924-34-1

INHALT

PRAEFATIO

Führt man das geistige Auge auf die geistig völlig fruchtlose Weide der modernen Popkultur, zeigt sich deutlich, daß sich eine wahre Epidemie in Form einer regelrechten Sucht nach dem Monströsen, Abstrusen, Gewalttätigen ausgebreitet hat: Die Welt der durchaus krankhaften Phantasie des modernen Menschen ist mittlerweile bevölkert von einem zahllosen Haufen widerlicher Kreaturen. Begegneten bis vor etwa 30 Jahren bestenfalls einige grüne Männchen vom Mars oder andere mitsamt Ufo herabgefallene einfältig ersponnene Extraterrestrier, so sehen wir uns nunmehr von einer uferlosen Masse industriell produzierter Gebilde überwalzt. Wären jene allein der präinfantilen Phantasie ihrer Zeuger entsprungen, den präinfantilen Sinn Entsprechender zu erquicken, könnten wir den Blödsinn Blödsinn sein lassen. Nun aber stürzen unter all jenen uninspirierten Hervorbringungen immer häufiger seelenlose Hüllen antiker Gestalten auf uns zu, welche neue Frankensteins aus ihren Gräbern gerissen und aus ebenso Zerfallenem wie Unpassendem wild zusammengestümpert haben. Nachdem das 19. Jahrhundert nämlich die antiken Schätze in die Universitäten wie in kalte Tresore weggesperrt, das 20. Jahrhundert aber die überkommenen geistigen Güter unschätzbaren Wertes spätestens seit den Nationalsozialisten und ihren Erben, den 68-ern, unbrauchbar gemacht hat, ist das 21. Jahrhundert dazu übergangen, aus lädierten Einzelteilen monströse Collagen zu erstellen. Aus Filmen und Computerspielen treten dem modernen Menschen die Zombies der antiken Götter und Helden, ihres Geis-

tes vollständig beraubt, entgegen, leere Faszinosa einer ganzen komplett entbildeten Generation, und mengen sich in den mittlerweile schier zahllosen Haufen phantasielos hervorgebrachter pseudomythologischer Figuren. Bei all diesem handelt es sich eben nicht um Modernisierung, Aktualisierung, zeitgemäße Interpretation des alten Mythos, was ja schon hinreichend überflüssig wäre. Vielmehr findet sich in jenen unsäglichen Kreationen ex nihilo nichts der Wahrheit, welche jedem wahren Mythos innewohnt. In jedem wahren Mythos, sich durch unmeßbares Alter auszeichnend, ist archaisches Wissen tief verborgen. Hinter dem dichten Flechtwerk der Metapher und Allegorie, hervorgebracht von der blühenden Phantasie, welche eignete den alten Völkern, in vollkommener Harmonie lebend mit der Natur, liegt ein wahrer Kern. Könnte man diesen freilegen, was in den meisten Fällen selbst durch ausgefeilteste Allegorese nicht mehr möglich ist, hätte man Zugriff auf reines Wissen um die göttlichen und menschlichen Dinge. Die Weisen des Altertums, die großen Philosophen, haben seit dem verehrungswürdigen Xenophanes (570 – 470 v. Chr.) versucht, die Wahrheit in den Mythen zu ergründen. Selbst ihnen aber ist sie zumeist verborgen geblieben, obschon sie ihr oft sehr nahe gekommen sind. Und wirklich ist nicht nötig, die ganze Wahrheit zu erfassen; es genügt, ihr so nahe, wie möglich, zu kommen, zumal der Weg, welchen sich der berufene Interpret bahnt, ihm den Blick auf andere Wahrheiten eröffnet: Wer Wahrheit sucht, wird Wahrheit finden.

Was des Wahren doch kann verbergen sich in dem Mythos, der vordergründig fast ausschließlich von unfaßbarer Schlechtigkeit der Götter und Menschen kündet? Anders als die philosophische Literatur, welche den Menschen vorstellt, wie er gemäß seiner höheren, seiner göttlichen Natur sein soll, beschreibt der Mythos vermittelst schil-

lernder Metaphern den Menschen, wie er gemäß seiner niedrigeren, seiner tierischen Natur ist und stellt in kraftvollen Bildern dar, wie und warum die Dinge so geworden sind, wie sie sind. Er handelt von Trieben, Affekten, Gewaltphantasien sowie ihren Wirkungen, erzählt, wie aus Urgründen dieser Art Städte, Inseln, Länder, Meere, Völker, Tiere und Pflanzen zu ihren Namen gekommen oder gar entstanden sind. Er führt die Kräfte der Natur und die destruktiven Gewalten im Menschen teils als unsterbliche Götter vor das innere Auge der Sterblichen, teils als bizarre, oftmals monströse Gestalten, die einem Fiebertraum entsprungen scheinen. Nicht einmal der Weisheit des Altertums ganz enträtselbar, vermag er den modernen Menschen doch wenigstens dies eine zu lehren, nämlich daß nicht nur auch er weder über die Gewalten der Natur noch über sein primitivstes Wesen erhaben, sondern vielmehr im Begriffe ist, wie kein Geschlecht vor ihm hinabzusinken in vollkommene Verrohung und durch die Gewalt der sich rächenden Schöpfung zugrunde zu gehen: Selbst Atreus, welcher dem Bruder dessen Söhne zum Mahle vorgesetzt, selbst Tantalos, welcher seinen eigenen Sohn geschlachtet und den Göttern aufgetischt, würden sich erbleichend abwenden, wenn sie die Völkermorde und Grausamkeiten unermeßlichen Ausmaßes schauten, welche unsere Zeit mit gleichsam industrialisierter Routine verbricht.

Ein Hort unergründlicher Erkenntnis ist der antike Mythos, auch aber unschätzbares Kulturgut seit Jahrtausenden: Von Homer bis herauf zu Gustav Schwab (1792 – 1850) waren Literatur und Drama, Malerei, Musik und Bildhauerei des gesamten Abendlandes vom griechisch-römischen Mythos beinahe dominiert. Mächtiger als er ist nur die Botschaft der Heiligen Schrift gewesen. Wer auch immer an diesen altehrwürdigen, unsterblichen

Schätzen nicht teilhat, wer nicht die Heilige Schrift, den Homer, des Ovid Metamorphosen gelesen und verinnerlicht hat, kann als Europäer unmöglich gebildet genannt werden, denn kaum ein Ding existiert in der schier unendlich weiten Welt unserer Hochkultur, wovor er nicht wie vor böhmischen Dörfern stehen muß. Fehlt zudem Kenntnis des Lateinischen, des Altgriechischen und des Althebräischen, beut sich ihm die abendländische Kultur dar als ein Buch mit sieben Siegeln. Wie bei jedem Buche doch gilt auch bei diesem, daß unter jenen, welche es zu lesen vermögen, nur die etwas taugen, welche auch im Stande sind, es zu verstehen: „Legere enim et non intellegere neglegere est." Bildung bedeutet nicht eine Fülle gespeicherter Informationen. Jede Festplatte wäre gebildet, wäre ein voller Speicher der Bildung Wesen. Deshalb sagt bereits Heraklit: „Vielwisserei verleiht nicht Verstand."

Der wahrhaft Gebildete zeichnet sich nicht durch sein Wissen aus, sondern durch sein Wissenwollen aufgrund seines Verstehenkönnens. Der wahrhaft gebildete Mensch strebt nach Wissen des Wissenswerten, um dieses zu Erkenntnis der göttlichen und menschlichen Dinge höherzuwandeln. Totes positivistisches Wissen, welches an unseren Gymnasien und Universitäten vermittelt wird, ist ganz und gar unfruchtbar. In einer Gesellschaft, welche allein nach technischem Fortschritt und Profitmaximierung um jeden Preis strebt, dient es allein dazu, jeden freien Gedanken, jede Regung des Geistes, jedes Verlangen nach Erkenntnis im Keime zu ersticken. Und so werden auch die Alten Sprachen nicht gelehrt, um die unschätzbaren Inhalte, welche sie transportieren, zu vermitteln, sondern um den Intellekt zu konditionieren, damit er möglichst fähig werde, im Getriebe des Systems methodisch zu funktionieren.

Bei meiner Übersetzung der Fabulae des Hyginus (die Stammbäume und Indices sind von mir nicht übertragen worden) habe ich mich mitnichten an das Dogma des universitären Positivismus gehalten. Überhaupt ist meine Übertragung kein Produkt detailversessener Stubenhockerei, sondern nach dem Vorbild echter Geistesgrößen wie Seneca oder Montaigne als Gelegenheitsarbeit entstanden: Teils nach Latein- oder Altgriechisch-Kursen, teils zwischen diesen, teils auf einem russischen Spielplatz, teils in einem Moskauer Wohnzimmer, teils in einer Blockhütte, teils andernorts und bei anderer Gelegenheit wurde dieses Werk emporgezogen. Zugrundegelegt habe ich freilich die Textausgabe des Moritz Schmidt, nicht die Teubner-Ausgabe, um unnötige Kosten, überflüssigen Aufwand und fruchtlose Rechtefragen zu vermeiden. Der textkritische Apparat der Schmidt-Ausgabe bietet dort, wo der lateinische Text unsicher oder lückenhaft überliefert ist, zumeist gute Vorschläge. An den wenigen Stellen, da keine Vorschläge geboten werden, habe ich mir, wie es Art eines echten Humanisten ist, selbstverständlich erlaubt, den lateinischen Text aus eigenen sprachlichen Mitteln zu rekonstruieren. Daß ich nach Tradition der Alten über keine dieser Maßnahmen in Fußnoten Protokoll geführt habe, versteht sich ebenfalls von selbst, denn allein der Geist ist wichtig, der Buchstabe nur Spekulation. Spekulation ist ebenfalls die Frage nach der ursprünglichen Reihenfolge der Fabulae, weshalb ich auch hier nicht moderner Art, so zu tun, als könne man Dinge, die man gar nicht richtig machen kann, richtig machen, gefolgt bin. Im übrigen habe ich als Übersetzer möglichst genau dem Wortlaut des Originals entsprochen, so daß auch meine Übersetzung in klassisches literarisches Deutsch die Besonderheiten des kargen Stils der Fabulae weitgehend wiedergibt, an sehr vielen Stellen allerdings die harten Fugen durch Adversativpartikeln behutsam geglättet.

Wenn wir zuletzt uns nun dem Autor und seinem Werke selbst zuwenden, stellen wir fest, daß auch darüber nur spekuliert werden kann: Weder ist klar, für wen oder was dieses Büchlein in schlichtem Latein verfaßt worden ist, noch, von wem. Man darf jedoch annehmen, daß Hyginus Mythographus im 2. Jh. n. Chr. gelebt, seine Schrift gleichsam als einen „Ovidius ad usum delphini" verfaßt hat und so als ein Gustav Schwab der Antike vorgestellt werden kann. Unter den etwa 220 „Fabeln" finden sich sowohl sehr bekannte in teils abweichenden Versionen als auch reichlich entlegene Mythen. Der Umfang dieser Erzählungen erstreckt sich nie über einige wenige Seiten hinaus, beschränkt sich oft gar auf einige wenige Zeilen, so daß das Werk einem „Kleinen Lexikon der griechischen Mythologie" gleicht, zumal auch Stil und Form eher lexikographisch als literarisch sind. Für jeden interessierten Leser, welcher sich mythologische Bildungsmittel erwerben will, ohne sogleich von Ovid überfordert zu werden, ist daher Hyginus der beste Führer in die wundersame Welt einer längst vergangenen, doch nichtsdestominder unsterblichen Kultur.

Fabulae

PHILYRA

Saturnus Iovem cum quaereret per terras, in Thracia cum Philyra Oceani filia in equum conversus concubuit; quae ex eo peperit Chironem centaurum, qui artem medicam primus invenisse dicitur. Philyra postquam invisitatam speciem se peperisse vidit, petit ab Iove, ut se in aliam speciem commutaret, quae in arborem philyram hoc est tiliam commutata est.

CURETES

Postquam Opis Iovem ex Saturno peperit, petit Iuno ut sibi eum concederet, quoniam Saturnus Orcum sub tartara deiecerat et Neptunum sub undas, quod sciret, si quis ex eo natus esset se regno privaret. qui cum Opem rogaret, ubi esset quod illa peperisset, illa lapidem involutum ostendit: eum Saturnus devoravit. quod cum sensisset, coepit Iovem quaerere per terras, Iuno autem Iovem in Cretensi insulam detulit. at Amalthea pueri nutrix eum in cunis in arbore suspendit, ut neque coelo neque terra neque mari inveniretur: et ne pueri vagitus exaudiretur, impuberes convocavit eisque clipeola aenea et hastas dedit et iussit eos circum arborem euntes crepare. qui Graece Curetes sunt appellati; alii Corybantes dicuntur, hi autem Lares appellantur.

PHILYRA

Als Kronos den Zeus durch die Lande hin suchte, verkehrte er in Thrakien mit Philyra, des Okeanos Tochter, nachdem er sich in ein Roß verwandelt hatte; von ihm gebar sie den Kentauren Cheiron, welcher die Heilkunst erfunden haben soll. Nachdem Philyra gesehen, daß sie eine ganz ungeschaute Art geboren habe, erbat sie von Zeus, sie in eine andere Gestalt zu verwandeln, und sie ward in den Baum φιλύρα, das ist die Linde, verwandelt.

DIE KURETEN

Nachdem Rhea von Kronos den Zeus geboren hatte, bat Hera, daß sie ihn ihr zugestehe, da ja Kronos den Pluton in den Tartaros hinabgestürzt hatte und den Poseidon in [des Meeres] Tiefen, weil er wußte, daß, falls er einen Sohn zeuge, dieser ihn der Herrschaft berauben werde. Als dieser Rhea fragte, wo sei, was jene geboren habe, zeigte jene ihm einen eingewickelten Stein: Diesen verschlang Kronos. Sowie er das gemerkt hatte, begann er, Zeus durch die Lande hin zu suchen, doch Hera brachte Zeus nach der Insel Kreta. Amaltheia aber, des Knaben Amme, hängte ihn in einem Korb an einem Baum auf, damit er weder am Himmel noch auf dem Lande noch im Meere gefunden werden könne. Und damit des Kindes Quäken nicht vernommen werde, rief sie Knaben zusammen und gab ihnen kleine eherne Schilde und Speere und hieß sie, um den Baum schreitend zu lärmen. Diese werden in griechischer Sprache Kureten genannt; andere heißen Korybanten[1], diese doch werden Laren genannt.

PYTHON

Python Terrae filius draco ingens. Hic ante Apollinem ex oraculo in monte Parnasso responsa dare solitus erat. Huic ex Latonae partu interitus erat fato futurus. Eo tempore Iovis cum Latona Poli filia concubuit; hoc cum Iuno resciit, facit, ut Latona ibi pareret, quo sol non accederet. Python ubi sensit Latonam ex Iove gravidam esse, persequi coepit, ut eam interficeret. At Latonam Iovis iussu ventus Aquilo sublatam ad Neptunum pertulit; ille eam tutatus est, sed ne rescinderet Iunonis factum, in insulam eam Ortygiam detulit, quam insulam fluctibus cooperuit. Quod cum Python eam non invenisset, Parnassum redit. At Neptunus insulam Ortygiam in superiorem partem rettulit, quae postea insula Delus est appellata. Ibi Latona oleam tenens parit Apollinem et Dianam, quibus Vulcanus sagittas dedit donum. Post diem quartum quam essent nati, Apollo matris poenas exsecutus est; nam Parnassum venit et Pythonem sagittis interfecit (inde Pythius est dictus) ossaque eius in cortinam coniecit et in templo suo posuit, ludosque funebres ei fecit, qui ludi Pythia dicuntur.

ATHENAE

Inter Neptunum et Minervam cum esset certatio, qui primus oppidum in terra Attica conderet, Iovem iudicem sumpserunt. Minerva quod

PYTHON

Python, der Erde Sohn, war ein gewaltiger Drache. Dieser pflegte vor Apollon von einer Orakelstatt auf dem Berge Parnaß aus Bescheide zu geben. Gemäß göttlichem Willen aber war ihm von der Leto Sproß sein Untergang bestimmt. Zu dieser Zeit verkehrte Zeus mit Leto, des Polos[2] Tochter. Sobald Hera dieses erfahren hatte, wirkte sie, daß Leto dort niederkomme, wohin die Sonne sich nicht nahte. Sowie Python gemerkt hatte, daß sie von Zeus schwanger sei, begann er, sie zu verfolgen, um sie zu töten. Der Wind Boreas aber hob sie auf des Zeus Geheiß empor und brachte sie zu Poseidon. Jener beschützte sie, doch damit er Heras Werk nicht zu Schanden mache, verbrachte er sie nach der Insel Ortygia[3], welche er mit seinen Fluten ganz bedeckte. Da Python sie also nicht gefunden hatte, kehrte er zum Parnasse zurück. Doch Poseidon führte die Insel Ortygia, welche später Delos genannt worden ist, an die Oberfläche zurück. Dort gebiert Leto, sich an einem Ölbaume festhaltend, Apollon und Artemis, welchen Hephaistos Pfeile zu Geschenke gab. Am vierten Tage nach ihrer Geburt vollstreckte Apollon die Strafen seiner Mutter: Er begab sich nämlich zum Parnasse und tötete Python mit seinen Pfeilen (woher er Pythios genannt ist), warf dessen Knochen in einen kesselförmigen Dreifuß zusammen, stellte ihn in seinem Tempel auf und schuf ihm Leichenspiele, welche Pythische Spiele genannt werden.

ATHEN

Als Poseidon und Athene miteinander stritten, wer zuerst eine Stadt auf attischem Boden gründe, nahmen sie Zeus als Schiedsrichter. Weil Athene zuerst auf dieser Scholle

primum in ea terra oleam sevit, quae adhuc dicitur stare, secundum eam iudicatum est. at Neptunus iratus in eam terram mare coepit irrigare velle; Mercurius Iovis iussu id ne faceret prohibuit. itaque Minerva ex suo nomine oppidum Athenas condidit, quod oppidum in terris dicitur primum esse constitutum.

MARSYAS

Minerva tibias[4] dicitur prima ex osse cervino fecisse et ad epulum deorum cantatum venisse. Iuno et Venus cum eam irriderent, quod et caesia erat et buccas inflaret, foeda visa et in cantu irrisa in Idam silvam ad fontem venit ibique cantans in aqua se aspexit et vidit se merito irrisam: unde tibias ibi abiecit et imprecata est, ut quisquis eas sustulisset gravi afficeretur supplicio. Quas Marsyas Oeagri filius unus e satyris invenit; quibus assidue commeletando sonum suaviorem in dies faciebat, adeo ut Apollinem ad citharae cantum in certamen provocaret. quo ut Apollo venit, Musas iudices sumpserunt: et cum iam Marsyas inde victor discederet, Apollo citharam versabat idemque sonus erat; quod Marsya tibiis facere non potuit. itaque Apollo victum Marsyan ad arborem religatum Scythae tradidit, qui cutem ei membratim separavit. reliquum corpus discipulo Olympo sepulturae tradidit: e cuius sanguine flumen Marsya est appellatum.

einen Ölbaum pflanzte, welcher noch immer stehen soll, wurde zu ihren Gunsten entschieden. Doch Poseidon geriet in Zorn und begann, das Meer auf jenes Land fluten machen zu wollen. Hermes, auf des Zeus Befehl, verbot, daß er dies tue. Also gründete Athene unter ihrem Namen die Stadt Athen, welche als erste in jenen Landen soll errichtet worden sein.

MARSYAS

Athene soll als erste eine Doppelflöte aus einem Hirschknochen hergestellt haben und zum Mahle der Götter gekommen sein, um diese [dort] zu blasen. Da Hera und Aphrodite sie verlachten, weil sie bläulichgrau war und ihre Backen blähte, begab sie sich, häßlich erschienen und beim Spiele verlacht, in den Wald Ida an eine Quelle, betrachtete dort sich blasend im Wasser und sah, sie sei verdientermaßen verlacht worden. Daher warf sie die Doppelflöte dort weg und wünschte, daß jeder, der diese aufhebe, mit schwerer Strafe geschlagen werde. Marsyas, des Oiagros Sohn, ein Hirte aus dem Kreise der Satyrn, fand sie, und indem er diese beständig fleißig übte, formte er seinen Ton von Tag zu Tage süßer, so sehr, daß er Apollon mit seiner Kithara Spiel zum Wettkampf herausforderte. Sowie Apollon dorthin gekommen war, nahmen sie die Musen zu Schiedsrichterinnen, und als Marsyas schon als Sieger hinfortgehen wollte, wandte Apollon die Kithara, und sein Ton war der nämliche; dieses vermochte Marsyas mit seiner Doppelflöte nicht zu wirken. Daher band Apollon den besiegten Marsyas an einen Baum und übergab ihn einem Skythen[5], welcher ihm die Haut gliedweise abzog. Den übrigen Leib übergab er seinem Schüler Olympos[6] zur Bestattung. Nach jenes Blut ist der Fluß Marsyas benannt.

ERICHTHONIUS

Vulcanus Iovi ceterisque diis solia aurea ex adamant cum fecisset, Iuno cum sedisset subito in aere pendere coepit. quod cum ad Vulcanum missum esset, ut matrem quam ligaverat solveret, iratus quod de coelo praecipitatus erat negat se matrem ullam habere. quem cum Liber pater ebrium in concilio deorum adduxisset, pietati negare non potuit: tum optionem a Iove accepit, si quid ab iis petiisset, impetraret. tunc ergo Neptunus, quod Minervae erat infestus, instigavit Vulcanum Minervam petere in coniugium. qua re impetrata in thalamum cum venisset, Minerva monitu Iovis virginitatem suam armis defendit, interque luctandum ex semine eius quod in terram decidit natus est puer, qui inferiorem partem draconis habuit; quem Erichthonium ideo nominarunt, quod eris graece certatio dicitur, chthon autem terra dicitur. quem Minerva cum clam nutriret, dedit in cistula servandum Aglauro Pandroso et Hersae Cecropis filiabus. hae cum cistulam aperuissent cornix indicavit; illae a Minerva insania obiecta ipsae se in mare praecipitaverunt.

LIBER

Liber Iovis et Proserpinae filius a Titanis est distractus, cuius cor contritum Iovis Semelae de-

ERICHTHONIOS

Nachdem Hephaistos dem Zeus und den übrigen Göttern güldene Throne aus Adamant geschaffen hatte, begann Hera, als sie sich gesetzt hatte, an dem Erze zu hangen. Nachdem deshalb zu Hephaistos gesandt worden war, daß er seine Mutter, welche er gebunden hatte, löse, leugnete er, erzürnt, weil er vom Himmel war herabgestürzt worden, irgendeine Mutter zu haben. Als ihn Dionysos trunken nach der Götter Versammlung geführt hatte, vermochte er die kindliche Pflicht nicht zu verweigern. Daraufhin erhielt er von Zeus die freie Wahl, wenn er irgend etwas von ihnen erbeten werde haben, werde er es erlangen. Da also spornte Poseidon, weil er der Athene feindlich war, den Hephaistos, Athene zu Gemahl zu erbeten. Als er dies erwirkt hatte und ins Schlafgemach gekommen war, verteidigte Athene auf des Zeus Bedeuten ihre Jungfräulichkeit mit ihren Waffen, und während des Kampfes wurde aus dessen Samen, welcher auf die Erde herabfiel, ein Knabe gezeugt, welcher den Unterleib einer Schlange hatte. Diesen nannten sie Erichthonios daher, weil Streit zu Griechisch ἔρις heißt, Erde aber χθών genannt wird. Da Athene ihn heimlich nährte, gab sie [ihn] in einem Kistchen Aglauros, Pandrosos und Herse, des Kekrops Töchtern, damit sie ihn behüten. Als diese das Kistchen geöffnet hatten, verriet es eine Krähe. Nachdem sie von Athene [aber] mit Wahnsinn geschlagen worden waren, stürzten sie sich selbst ins Meer hinab.

DIONYSOS

Dionysos, des Zeus und der Persephone Sohn, wurde von den Titanen zerrissen; dessen zerriebenes Herz [doch]

dit in potionem. ex eo praegnans cum esset facta, Iuno in Beroen nutricem Semeles se commutavit et ait: „alumna, pete a Iove ut sic ad te veniat, quem ad modum ad Iunonem, ut scias quae voluptas est cum deo concumbere“. Illa autem instigata petit ab Iove, et fulmine est icta. ex cuius utero Liberum exuit et Nyso dedit nutriendum unde Dionysus est appellatus et Bimater est dictus.

PROSERPINA

Pluton petit ab Iove Proserpinam filiam eius et Cereris in coniugium daret. Iovis negavit Cererem passuram ut filia sua in tartaro tenebricoso sit, sed iubet eum rapere eam flores legentem in monte Aetna, qui est in Sicilia. in quo Proserpina dum flores cum Venere et Diana et Minerva legit, Pluton quadrigis venit et eam rapuit. Quod postea Ceres ab Iove impetravit, ut dimidia parte anni apud se, dimidia apud Plutonem esset.

TRIPTOLEMUS

Cum Ceres Proserpinam filiam suam quaereret devenit ad Eleusinum regem, cuius uxor Cothonea puerum Triptolemum pepererat, seque nutricem lactantem simulavit. hanc regina libens nutricem filio suo recepit. Ceres cum vellet alumnum suum immortalem reddere, interdiu lacte divino alebat, noctu clam in igne obruebat;

gab Zeus der Semele in ihren Trank. Nachdem sie durch diesen schwanger war geworden, verwandelte Hera sich in Beroe, der Semele Amme, und sprach: „Kind, erbitte von Zeus, er möge so zu dir kommen wie zu Hera, damit du wissest, welche Wonne ist, mit einem Gotte zu verkehren.“ Jene aber, gereizt, erbat's von Zeus und ward vom Blitz erschlagen. Aus ihrem Mutterleibe zog er den Bakchos und gab ihn dem Nysos zur Pflege, woher er Dionysos heißt und Bimater (von zwei Müttern geboren) genannt wird.

PERSEPHONE

Pluton bat Zeus, ihm Persephone, dessen und der Demeter Tochter, zur Frau zu geben. Zeus sagte, Demeter werde nicht leiden, daß ihre Tochter im finsteren Tartaros weile, doch heißet ihn, jene zu rauben, wenn sie Blumen sammele auf dem Aitna, der in Sizilien sich erhebt. Während Persephone zusammen mit Aphrodite und Artemis und Athene dort Blumen sammelte, kam Pluton auf seinem Viergespann und raubte sie; später aber setzte Demeter vor Zeus durch, daß sie während einer Hälfte des Jahres bei ihr, während einer bei Pluton weilen solle.

TRIPTOLEMOS

Als Demeter ihre Tochter Persephone suchte, kam sie zu König Eleusinos, dessen Gattin Kothoneia den Knaben Triptolemos geboren hatte, und gab sich als Milch spendende Amme aus. Die Königin nahm sie gern als Amme für ihren Sohn auf. Weil aber Demeter ihren Zögling unsterblich machen wollte, nährte sie ihn des Tags mit göttlicher Milch, hielt ihn des Nachts aber heimlich im Feuer

itaque praeterquam solebant mortals crescebat. Id sic fieri cum mirarentur parentes eam observaverunt. cum Ceres eum vellet in ignem mittere pater expavit: illa irata Eleusinum exanimavit, at Triptolemo alumno suo aeternum beneficium tribuit; nam fruges propagatum currum draconibus iunctum tradidit, quibus vehens orbem terrarum frugibus obsevit. Postquam domum rediit, Celeus eum pro benefacto interfici iussit; sed re cognita iussu Cereris Triptolemo regnum dedit quod ex patris nomine Eleusinum nominavit Cererique sacra instituit, quae thesmophoria graece dicuntur.

VULCANUS

Vulcanus cum resciit Venerem cum Marte clam concumbere et se virtuti eius obsistere non posse, catenam ex adamante fecit et circa lectum posuit, ut Martem astudia deciperet. ille cum ad constitutum venisset, concidit cum Venere in plagas, adeo ut se exolvere non posset. id Sol cum Vulcano nuntiasset, ille eos nudos cubantes ut vidit, deos omnes convocavit; qui ut viderunt, riserunt. Ex eo Martem, id ne faceret, pudor terruit. Ex eo conceptu nata est Harmonia, cui Minerva et Vulcanus vestem sceleribus tinctam muneri dederunt, ob quam rem progenies eorum scelerata extitit. Soli autem Venus ob indicium ad progeniem eius semper fuit inimica.

verborgen. Daher gedieh er über gewöhnlich Menschenmaß hinaus. Da nun aber die Eltern sich über dieses Geschehen wunderten, beobachteten sie die Göttin. Als Demeter ihn ins Feuer werfen wollte, entsetzte sich der Vater. Jene doch geriet in Zorn und tötete Eleusinos, Triptolemos aber, ihrem Zögling, erwies sie eine unsterbliche Wohltat. Zum Fortpflanzen der Setzlinge nämlich übergab sie ihm einen Wagen, vor den Drachen geschirrt waren, welche lenkend er den Erdkreis mit Feldfrüchten bepflanzte. Sobald er nach Hause zurückgekehrt war, gebot Keleos, daß er dieser Wohltat wegen getötet werde. Doch da er den Sachverhalt erkannt hatte, übergab er auf Geheiß der Demeter dem Triptolemos das Reich, welches er nach des Vaters Namen Eleusis nannte, und errichtete der Demeter einen Kult, welcher griechisch Thesmophorien genannt wird.

HEPHAISTOS

Sowie Hephaistos begriffen hatte, daß Aphrodite heimlich mit Ares verkehre und er dessen Kraft nicht widerstreiten könne, wirkte er ein Flechtwerk aus Stahl und legte es um das Bett, auf daß er Ares mit Listen täusche. Da jener zum Stelldichein gekommen war, stürzte er zusammen mit Aphrodite so tief in die Netze, daß er sich nicht zu lösen vermochte. Nachdem Helios das dem Hephaistos gekündet hatte, schaute dieser sie bloß im Bette liegen; er rief alle Götter zusammen; sobald diese das sahen, lachten sie. Seither schreckte die Scham den Ares davon ab, dies [auch fürderhin] zu verbrechen. Infolge dieser Empfängnis ward Harmonia geboren, welcher Athene und Hephaistos ein Kleid, das in Frevel getaucht war, zum Geschenke gaben, weswegen ihre Nachkommen verbrecherisch wurden. Dieses Verrates wegen aber war Aphrodite dem Helios bis auf dessen Nachkommen stets feind.

SIRENES

Sirenes Acheloi fluminis et Melpomenes Musae filiae Proserpinae raptu aberrantes ad Apollinis petram venerunt ibique Cereris voluntate, quod Proserpinae auxilium non tulerant, volaticae sunt factae. his responsum erat tamdiu eas victuras, quamdiu cantantes eos audiens nemo esset praetervectus. quibus fatalis fuit Ulysses: astutia enim sua cum praeternavigasset scopulos, in quibus morabantur, praecipitarunt se in mare. a quibus locus Sirenides cognominatur, qui est inter Siciliam et Italiam.

PANDORA

Prometheus Iapeti filius primus homines ex luto finxit. Postea Vulcanus Iovis iussu ex luto mulieris effigiem fecit, cui Minerva animam dedit, ceterique dii alius aliud donum dederunt; ob id Pandoram nominarunt. Ea data in coniugium Epimetheo fratri; inde nata est Pyrrha, quae mortalis dicitur prima esse creata.

PROMETHEUS

Homines antea ab immortalibus ignem petebant neque in perpetuum servare sciebant; quod postea Prometheus in ferula detulit in terras, hominibusque monstravit quomodo cinere ob-

DIE SEIRENEN

Als die Seirenen, des Flusses Acheloos und der Muse Melpomene Töchter, nach der Persephone Raub sich verirrten, kamen sie zum Felsen des Apollon und wurden dort durch den Willen der Demeter, da sie der Persephone nicht geholfen hatten, geflügelt. Diesen war ein Orakel gegeben, daß sie so lange leben werden, wie lange niemand, der sie singen höre, vorüberschiffen könne. Odysseus [endlich] war ihr Schicksal: Nachdem er nämlich vermittelst seiner Schlauheit an den Klippen, auf welchen sie weilten, vorbeigesegelt war, stürzten sie sich ins Meer hinab. Nach ihnen trägt der Ort den besonderen Beinamen Sirenides, welcher zwischen Sizilien und Italien liegt.

PANDORA

Prometheus, des Iapetos Sohn, bildete als erster Menschen aus Lehm. Später schuf Hephaistos auf Befehl des Zeus das Bild der Frau aus Lehm, welchem Athene Lebensodem gab, und die übrigen Götter reichten ihr ein jeweils anderes Geschenk; deshalb nannten sie sie Pandora[7]. Sie wurde dem Epimetheus, seinem Bruder, zur Frau gegeben; aus dieser Verbindung ging Pyrrha hervor, von welcher man sagt, sie sei als erste sterblich gezeugt worden.

PROMETHEUS

Vormals erbaten die Menschen das Feuer von den Unsterblichen, wußten es aber nicht auf Dauer zu bewahren; später holte Prometheus es in einem Pfriemenkrautstengel auf Erden herab und zeigte den Menschen, wie sie es mit

rutum servarent. Ob hanc rem Mercurius Iovis iussu deligavit eum in monte Caucaso ad saxum clavis ferreis et aquilam apposuit, quae cor eius exesset; quantum die ederat, tantum nocte crescebat. Hanc aquilam post XXX annos Hercules interfecit eumque liberavit.

PHORONEUS

Inachus Oceani filius ex Argia sorore sua procreavit Phoroneum qui primus mortalium dicitur regnasse. Homines ante saecula multa sine oppidis legibusque vitam exegerunt una lingua loquentes „sub Iovis imperio“: sed postquam Mercurius sermones hominum interpretatus est (unde ermeneutes dicitur esse interpres; Mercurius enim graece Hermes vocatur; idem nationes distribuit) tum discordia inter mortales esse coepit, quod Iovi placitum non est. itaque exordium regnandi tradidit Phoroneo. ob id beneficium Iunoni sacra primus fecit.

NIOBE SIVE IO

Ex Phoroneo et Cinna nati Apis et Nioba. hanc Iupiter mortalem primam compressit: ex ea natus est Argus qui suo nomine Argos oppidum cognominavit. Ex Argo et Euadne Criasus Piranthus Ecbasus nati; ex Pirantho et Callirhoe Argus Arestorides Triopas; hic ** ex hoc Eu-

Asche bedecken und bewahren können. Dieser Tat wegen heftete Hermes ihn auf Befehl des Zeus mit ehernen Nägeln an einen Felsen im Kaukasus und ordnete ihm einen Adler bei, welcher sein Herz herausfressen sollte; wie viel er des Tags gefressen hatte, so viel wuchs des Nachts nach. Diesen Adler tötete Herakles nach 30 000 Jahren und befreite ihn.

PHORONEUS

Inachos, des Okeanos Sohn, zeugte mit seiner Schwester Argeia Phoroneus, welcher als erster der Sterblichen eine Krone getragen haben soll. Zuvor verbrachten die Menschen viele Jahrhunderte lang ihr Leben ohne Städte und Gesetze, eine einzige Sprache sprechend, „unter des Zeus' Regiment". Doch nachdem Hermes der Menschen Zungen ausgelegt (woher – wie man sagt – ein Ausleger ein Hermeneut ist; Mercurius nämlich wird in griechischer Sprache Hermes genannt; ebenso teilte er die Völker ein), da begann Zwietracht unter den Sterblichen, welches Zeus nicht gefiel.[8] Daher übergab er die erste Krone dem Phoroneus. Dieser Wohltat wegen schuf er als erster der Hera einen Kult.

NIOBE ODER IO

Phoroneus zeugte mit Kinna(?) den Apis und Niobe. Dieser tat Zeus als erster Sterblicher Gewalt an. Von ihr stammt Argos, welcher der Stadt Argos seinen Namen gab. Von Argos und Euadne stammen Kriasos, Peiranthos und Ekbasos; von Peiranthos und Kallirhoe Argos, Arestorides und Triopas; dieser [...] Von diesem stammen

risabe Anthus Pelasgus Agenor; ex Triope et Arestoride Xantus et Inachus; ex Pelasgo Larisa, ex Inacho et Argia Io. Hanc Iuppiter dilectam compressit et in vaccae figuram convertit, ne Iuno eam cognosceret. Id Iuno cum rescivit, Argum, cui undique oculi refulgebant, custodem ei misit; hunc Mercurius Iovis iussu interfecit. At Iuno formidinem ei misit, cuius timore exagitatam coegit eam, ut se in mare praecipitaret, quod mare Ionium est appellatum. Inde in Scythiam tranavit, unde Bosporum fines sunt dictae. Inde in Aegyptum, ubi parit Epaphum. Iovis cum sciret suapte propter opera tot eam aerumnas tulisse, formam suam ei propriam restituit deamque Aegyptiorum eam fecit, quae Isis nuncupatur.

EPAPHUS

Iuppiter Epaphum, quem ex Io procreaverat, Aegypto oppida communire ibique regnare iussit. Is oppidum primum Memphim et alia plura constituit et ex Cassiopia uxore procreavit filiam Libyen, a qua terra est appellata.

TITANOMACHIA

Postquam Iuno vidit Epapho ex pellice nato tantam regni potestatem esse, curat in venatu, ut Epaphus necetur, Titanosque hortatur, Iovem ut regno pellant et Saturno restituant. Hi

Eurisabe, Anthos, Pelasgos und Agenor; von Triopas und Oreaside Xanthos und Inachos; von Pelasgos Larissa, von Inachos und Argeia Io. Zeus verliebte sich in diese, tat ihr Gewalt an und verwandelte sie in eines Rindes Gestalt, damit Hera sie nicht erkenne. Als Hera dahintergekommen war, sandte sie ihr Argos, dem von allen Seiten Augen widerstrahlten, als Wächter; Hermes tötete diesen auf des Zeus Befehl. Doch Hera sandte ihr ein peinigende Furcht erregendes Schreckbild und zwang sie, da die Furcht davor sie gespornt hatte, sich ins Meer zu stürzen, welches Ionisches Meer genannt ist. Von dort schwamm sie nach Skythien hinüber, woher das Gebiet Bosporos[9] genannt ist. Von dort aber kam sie nach Ägypten, wo sie Epaphos gebar. Weil Zeus wußte, daß jene seiner eigenen Machenschaften wegen so viele Drangsale gelitten habe, gab er ihr ihre eigentümliche Gestalt zurück und machte sie zu einer Göttin der Ägypter, welche Isis genannt wird.

EPAPHOS

Zeus gebot Epaphos, welchen er mit Io gezeugt hatte, in Ägypten Städte zu befestigen und dort zu herrschen. Dieser gründete als erste Stadt Memphis und viele andere und zeugte mit seiner Gattin Kassiopeia seine Tochter Libya, nach welcher das Land[10] benannt ist.

TITANOMACHIA

Nachdem Hera gesehen hatte, daß Epaphos, der von einem Kebsweibe stammte, so große Macht seiner Krone besitze, trägt sie Sorge, daß Epaphos bei der Jagd getötet werde, und hetzt die Titanen auf, daß sie Zeus vom Thro-

cum conarentur in caelum ascendere, eos Iovis cum Minerva et Apolline et Diana praecipites in Tartarum deiecit. Atlanti autem, qui dux eorum fuit, caeli fornicem super umeros imposuit, qui adhuc dicitur caelum sustinere.

EX TYPHONE ET ECHIDNA NATI

Ex Typhone gigante et Echidna Gorgon; canis Cerberus triceps; draco qui mala Hesperidum trans oceanum servabat; hydra quam ad fontem Lernaeum Hercules interfecit; draco qui pellem arietis Colchis servabat; Scylla quae superiorem partem mulieris inferiorem canis et canes sex ex se natos habebat; Sphinx quae in Boeotia fuit; Chimaera in Lycia quae priorem partem leonis figuram posteriorem draconis habebat media ipsa Chimaera. – Ex Medusa Gorgonis filia et Neptuno nati sunt Chrysaor et equus Pegasus, ex Chrysaore et Callirrhoe Geryon trimembris.

TYPHON

Tartarus ex Terra procreavit Typhonem immani magnitudine specieque portentosa cui centum capita draconum ex humeris enata erant. hic Iovem provocavit si vellet secum de regno certare. Iovis fulmine ardenti pectus eius percussit; qui

ne stoßen und ihn dem Kronos zurückgeben. Als diese versuchten, den Himmel zu ersteigen, schleuderte Zeus sie im Vereine mit Athene, Apollon und Artemis kopfüber in den Tartaros hinab. Dem Atlas aber, welcher jener Anführer war, lastete er des Himmels Gewölbe auf die Schultern, welcher, wie man sagt, noch immer den Himmel trägt.

DES TYPHON UND DER ECHIDNA KINDER

Von dem Giganten Typhon und Echidna stammen ab Gorgon, der dreiköpfige Hund Kerberos, der Drache, welcher der Hesperiden Äpfel jenseits des Okeanos hütete, die Hydra[11], welche Herakles an der lernaiischen Quelle getötet hat, der Drache, welcher das Vließ des Widders zu Kolchis hütete, die Skylla, welche den Oberkörper einer Frau, den Unterleib eines Hundes und sechs Hunde aus sich hervorgewachsen hatte, die Sphinx, welche in Boiotien hauste, die Chimaira in Lykien, welche vorn eines Löwen, hinten eines Drachen Gestalt hatte, in der Mitte eben eine Chimaira (Ziege) war. Von Medusa, des Gorgon[12] Tochter, und Poseidon stammen Chrysaor und das Roß Pegasos, von Chrysaor und Kallirhoe der dreileibige Geryon.

TYPHON

Tartaros[13] zeugte mit Gaia den Typhon unermeßlicher Größe und widernatürlicher Gestalt, welchem hundert Drachenhäupter aus seinen Schultern entwachsen waren. Dieser forderte Zeus heraus, ob er mit ihm um die Herrschaft kämpfen wolle. Zeus durchbohrte dessen Brust mit

cum flagraret montem Aetnam qui est in Sicilia super eum imposuit, qui ex eo adhuc ardere dicitur.

PHAETON

Phaethon Solis et Clymenes filius cum clam patris currum conscendisset et altius a terra esset elatus, prae timore decidit in flumen Eridanum. Hunc Iuppiter cum fulmine percussisset, omnia ardere coeperunt. Iovis ut omne genus mortalium cum causa interficeret, simulavit se velle extinguere; amnes undique irrigavit omneque genus mortalium interiit praeter Pyrrham et Deucalionem. At sorores Phaethontis, quod equos iniussu patris iunxerant, in arbores populos commutatae sunt.

DEUCALION ET PYRRHA

Cataclysmus, quod nos diluvium vel irrigationem dicimus, cum factum est, omne genus humanum interiit praeter Deucalionem et Pyrrham, qui in montem Aetnam, qui altissimus in Sicilia esse dicitur, fugerunt. Hi propter solitudinem cum vivere non possent, petierunt ab Iove, ut aut homines daret aut eos pari calamitate afficeret. Tum Iovis iussit eos lapides post se iactare; quos Deucalion iactavit, viros esse iussit, quos Pyrrha, mulieres. Ob eam rem λαός dictus, λᾶας enim Graece lapis dicitur.

dem flammenden Blitze. Als dieser in Flammen stund, setzte er den Aitna, welcher in Sizilien ragt, auf ihn, welcher infolgedessen – wie man sagt – bis jetzt flammt.

PHAETON

Als Phaethon, des Helios und der Klymene Sohn, heimlich des Vaters Wagen bestiegen hatte und zu weit von der Erde emporgetragen worden war, fiel er vor Furcht herab in den Fluß Eridanos. Nachdem Zeus ihn mit seinem Blitze durchbohrt hatte, begann alles zu brennen. Damit aber Zeus der Sterblichen ganzes Geschlecht mit Grund vernichte, heuchelte er, löschen zu wollen; überall ließ er die Flüsse über die Ufer treten, und das gesamte Geschlecht der Sterblichen ging zugrunde außer Pyrrha und Deukalion. Die Schwestern Phaethons aber wurden, weil sie ohne des Vaters Geheiß die Rosse geschirrt hatten, in Pappeln verwandelt.

DEUKALION UND PYRRHA

Sobald der Kataklysmos, welchen wir Sintflut oder Überschwemmung nennen, hereingebrochen war, ging das ganze menschliche Geschlecht zugrunde außer Deukalion und Pyrrha, die auf den Aitna, welcher der höchste Berg in Sizilien sein soll, flohen. Weil sie ihrer Verlassenheit wegen nicht zu überleben vermochten, erbaten sie von Zeus, ihnen entweder Mitmenschen zu geben oder sie mit gleichem Geschicke heimzusuchen. Da hieß der Göttervater sie, Steine hinter sich zu werfen; diejenigen aber, welche Deukalion warf, hieß er Männer sein, jene, welche Pyrrha, Frauen. Dieser Sache wegen ist der Begriff λαός (Volk) geprägt worden, der Stein nämlich wird griechisch λᾶας genannt.

PHAETON HESIODI

Phaethon Clymeni Solis filii et Meropes nymphae filius, quam Oceanitidem esse accepimus, cum indicio patris avum Solem esse cognovisset, impetratis curribus male usus est. nam cum esset propius terram vectus vicino igni omnia conflagrarunt et fulmine ictus in flumen Padum cecidit. hic amnis a Graecis Eridanus dicitur, quem Pherecydes primus vocavit. indi autem, quod calore vicini ignis sanguis in atrum colorem versus est, nigri sunt facti: sorores autem Phaethontis dum interitum deflent fratris in arbores sunt populos versae. harum lacrimae, ut Hesiodus indicat, in electrum sunt duratae. Heliades tamen nominantur; sunt autem Merope Helie Aegle Lampetie Phoebe Aetherie Dioxippe. Cygnus autem rex Liguriae, qui fuit Phaethonti propinquus, dum deflet propinquum, in cygnum conversus est. is quoque moriens flebile canit.

ALTHAEA

Cum Althaea Thestii filia una nocte concubuerunt Oeneus et Mars; ex quibus cum esset natus Meleager subito in regia apparuerunt Parcae: Clotho, Lachesis, Atropos. Cui fata ita cecinerunt: Clotho dixit eum generosum futurum, Lachesis fortem, Atropos titionem ardentem aspexit in foco et ait: „tamdiu hic vivet, quamdiu hic titio consumptus non fuerit“. hoc Althaea mater

DER PHAETON DES HESIOD

Nachdem Phaeton, des Klymenos, des Helios Sproß, und der Nymphe Merope Sohn, von welcher wir vernommen, sie sei eine Okeanide, aufgrund einer Aussage seines Vaters erfahren hatte, daß sein Großvater Helios sei, erwirkte er des Wagens Zügel und übte schlechten Gebrauch. Denn da er zu dicht an die Erde herangefahren war, ging alles durch die nahe Glut ganz in Flammen auf, und er fiel, vom Blitze getroffen, in den Fluß Padus (Po). Dieser Fluß wird von den Griechen Eridanos geheißen, welchen Pherekydes zuerst genannt. Die Inder doch, da durch der nahen Glut Hitze ihr Blut sich dunkel färbte, wurden schwarz. Des Phaeton Schwestern aber, während sie ihres Bruders Vernichtung beweinten, verwandelten sich in Pappeln. Ihre Tränen, wie Hesiod offenbart, wurden in Bernstein verhärtet. Dennoch werden sie Heliaden genannt; diese doch sind Merope, Helie, Aigle, Lampetie, Phoibe, Aitherie und Dioxippe. Kyknos aber, der König Liguriens, welcher dem Phaeton nahestund, wurde, während er den Verwandten beweinte, in einen Schwan verwandelt. Auch dieser singt, wenn er stirbt, weinend.

ALTHAIA

Mit Althaia, des Thestios Tochter, verkehrten in einer einzigen Nacht Oineus und Ares. Als von diesen sie Meleagros geboren hatte, erschienen im Palaste plötzlich die Moiren: Klotho, Lachesis und Atropos. Mit folgenden Worten sangen sie sein Geschick: Klotho sagte, daß er werde edelmütig sein, Lachesis, daß tapfer, Atropos doch erblickte ein brennendes Scheit im Herde und sprach: „So lange wird er leben, wie lange dies brennende Scheit nicht wird verzeh-

cum audisset exiluit de lecto atque titionem extinxit et eum in media regia obruit fatalem, ne ab igni obrueretur.

OENEUS

Oeneus Parthaonis filius Aetoliae rex cum omnibus diis annua sacra fecisset et Dianam praeteriisset, ea irata aprum immani magnitudine, qui agrum Calydonium vastaret, misit. tunc Meleager Oenei filius se pollicetur cum delectis Graeciae ducibus ad eum expugnandum iturum.

MELEAGER

Althaea Thestii filia ex Oeneo peperit Meleagrum. ibi in regia dicitur titio ardens apparuisse. huc Parcae venerunt et Meleagro fata cecinerunt, eum tamdiu victurum quamdiu is titio esset incolumis. Hunc Althaea in arca clausum diligenter servavit. Interim ira Dianae, quia Oeneus sacra annua ei non fecerat, aprum mira magnitudine qui agrum Calydonium vastaret misit: quem Meleager cum delectis iuvenibus Graeciae interfecit pellemque eius ob virtutem Atalantae virgini donavit, quam Ideus Plexippus Lynceus Althaeae fratres eripere voluerunt. Illa cum Meleagri fidem implorasset, ille intervenit et amorem cognationi anteposuit, avunculosque suos occidit. id Althaea mater ut audivit

ret sein." Da dies seine Mutter Althaia vernommen hatte, sprang sie vom Lager und löschte das brennende Scheit und vergrub es mitten im Palaste, das verderbliche, damit nicht es vom Brande vernichtet werde.

OINEUS

Weil Oineus, des Porthaon Sohn, König in Aitolien, allen Göttern die jährlichen Opfer gebracht und Artemis übergangen hatte, geriet diese in Zorn und sandte einen Eber ungeheuerlicher Größe, welcher das Land der Kalydonier verwüstete. Da versprach Meleagros, des Oineus Sohn, er werde mit auserwählten Führern Griechenlands ausgehen, diesen zu vernichten.[1]

MELEAGROS

Althaia, des Thestios Tochter, gebar von Oineus den Meleagros. Dort sei im Palaste ein brennend Scheit erschienen. Dahin kamen die Moiren und sangen dem Meleagros sein Geschick, daß er so lange werde leben, wie lange dies brennende Scheit unversehrt sei. Althaia schloß dieses in eine Lade und bewahrte es. Inzwischen sandte der Artemis Zorn, weil Oineus die jährlichen Opfer ihr nicht gebracht, einen Eber wunderlicher Größe, welcher die kalydonische Scholle verwüstete. Meleagros tötete diesen mit auserwählten Jünglingen Griechenlands und gab dessen Fell der Jungfrau Atalante ob ihrer Tapferkeit, welches Ideus, Plexippos und Lynkeus, der Althaia Brüder, [ihr] entreißen wollten. Nachdem jene des Meleagros Schutz

[1] Es folgt eine Auflistung der Helden und Gemeinwesen, welche dem Meleagros geholfen.

filium suum tantum facinus esse ausum, memor parcarum praecepti titionem ex arca prolatum in ignem coniecit. ita dum fratrum poenas vult exsequi filium interfecit: at sorores eius praeter Gorgen et Deianiram flendo deorum voluntate in aves sunt transfiguratae quae meleagrides vocantur: at coniunx eius Alcyone moerens in luctu decessit.

AGRIUS

Agrius Parthaonis filius ut vidit Oeneum fratrem orbum liberis factum egentem regno expulit atque ipse regnum possedit. interim Diomedes Tydei filius et Deipyles Ilio devicto, ut audivit avum suum regno pulsum, pervenit in Aetoliam cum Sthenelo Capanei filio et armis contendit cum Lycopeo Agrii filio. quo interfecto Agrium egentem e regno expulit atque Oeneo avo suo regnum restituit. postque Agrius regno expulsus ipse se interfecit.

LYCAON

Ad Lycaonem Pelasgi filium Iovis in hospitium venisse dicitur et filiam eius Callisto compressisse; ex quo natus est Arcas, qui ex suo nomine

erfleht hatte, schritt jener ein, stellte die Liebe der Verwandtschaft voran und tötete seine Oheime. Sobald Althaia, seine Mutter, dies vernommen hatte, daß ihr Sohn eine so große Freveltat gewagt habe, holte sie, eingedenk der Moiren Lehre, das Scheit aus der Lade und warf es ins Feuer. So, weil sie ihre Brüder rächen wollte, tötete sie den Sohn. Dessen Schwestern aber, außer Gorge und Deianeira, wurden ihres Weinens ob nach der Götter Willen in Vögel verwandelt, welche Meleagriden (Perlhühner) genannt werden. Seine Gattin Alkyone doch starb trauernd in ihrem Grame.

AGRIOS

Sobald Agrios, des Porthaon Sohn, seinen Bruder Oineus der Kinder beraubt gesehen, stieß er den Darbenden vom Throne und ergriff selbst von der Krone Besitz. Indes, sowie er vernommen hatte, daß sein Großvater der Krone beraubt worden sei, kam Diomedes, des Tydeus Sohn und der Deipyle, nach dem Falle Troias nach Aitolien mit Sthenelos, des Kapaneus Sohn, und stritt mit Waffen wider Lykopeus, des Agrios Sohn. Nachdem dieser den Tod gefunden hatte, stieß er den darbenden Agrios vom Throne und setzte seinen Großvater Oineus wieder ein. Agrios aber, aus dem Königreiche vertrieben, tötete sich später selbst.

LYKAON

Zeus soll als Gastfreund zu Lykaon, des Pelasgos Sohn, gekommen sein und dessen Tochter Kallisto Gewalt angetan haben. Daraus ging Arkas hervor, welcher nach

terrae nomen indidit. sed Lycaonis filii Iovem tentare voluerunt, deusne esset, et carnem humanam cum cetera carne commiscuerunt idque in epulo ei apposuerunt. qui postquam sensit iratus mensam evertit Lycaonis filios fulmine necavit. eo loco postea Arcas oppidum communivit quod Trapezous nominatur. patrem Iuppiter in lyci figuram mutavit.

CALLISTO

Callisto Lycaonis filia ursa dicitur facta esse ob iram Iunonis quod cum Iove concubuit. Postea Iovis in stellarum numerum retulit, quae septentrio appellatur, quod signum loco non movetur neque occidit. Tethys enim Oceani uxor nutrix Iunonis prohibet eam in Oceanum occidere. hic ergo septentrio maior, de qua in creticis versibus:

tuque Lycaoniae mutatae semine nymphae
quam gelido raptam de vertice Nonacrinae
oceano prohibet semper se tingere
Tethys ausa suae quia sit quondam
succumbere alumnae.

haec igitur ursa a Graecis helike appellatur: haec habet stellas in capite septem non claras, in utraque aure duas, in armo unam, in pectore claram unam, in extrema coxa claram unam, in femine posteriori duas, in pede extremo duas, in cauda tres, numero viginti.

seinem Namen dem Lande den Namen gab. Des Lykaon Söhne doch wollten Zeus versuchen, ob er ein Gott sei, und mengten menschlich Fleisch mit anderem Fleische und setzten es ihm beim Mahle vor. Nachdem jener es bemerkt hatte, geriet er in Zorn, stürzte um den Tisch und tötete des Lykaon Söhne mit dem Blitze. An diesem Ort errichtete Arkas später eine bewehrte Stadt, welche Trapezous[14] genannt wird. Ihren Vater aber verwandelte Zeus in einen Wolf.

KALLISTO

Kallisto, des Lykaon Tochter, soll wegen des Zornes der Hera in eine Bärin verwandelt worden sein, weil sie mit Zeus das Lager geteilt hatte. Später reihte Zeus sie in der Gestirne Zahl ein [als jenes], welches Großer Bär genannt wird und weder von seinem Orte weicht noch untergeht. Tethys nämlich, des Okeanos Gemahl, der Hera Amme, verhindert, daß es in den Okeanos tauche. Dieser ist also der Große Bär, über welchen in kretischen Versen gesungen:

Und du aus der lykaonischen Nymphe
gewandeltem Stamm, welche, entrafft von eis'ger
arkadischer Höh', stets hindert zu tauchen in des
Okeanos Fluten Tethys, da einst sie gewagt, ihrer
Pflegbefohl'nen Rivalin zu sein.

Diese Bärin wird daher von den Griechen Helike genannt. Sie trägt auf ihrem Haupte sieben nicht helle Sterne, an jedem von beiden Ohren zwei, am Vorderbug einen, auf der Brust einen hellen, ganz außen an der Hüfte einen hellen, hinten am Oberschenkel zween, an der Fußsohle zween, am Schweife drei, zwanzig[15] an Zahl.

DANAUS

Danaus Beli filius ex pluribus coniugibus quinquaginta filias habuit, totidemque filios frater Aegyptus, qui Danaum fratrem interficere voluit ut regnum paternum solus obtineret, et filias eius filiis uxores a fratre poposcit. Danaus re cognita Minerva adiutrice ex Africa Argos profugit: tunc primum dicitur Minerva navem fecisse biproram in qua Danaus profugeret. At Aegyptus ut resciit Danaum profugisse mittit filios ad persequendum fratrem et eis praecepit, ut aut Danaum interficerent aut ad se non reverterentur. qui postquam Argos venerunt, oppugnare patruum coeperunt. Danaus ut vidit se iis obsistere non posse, pollicetur eis filias suas uxores, ut pugna absisterent. impetratas sorores patrueles acceperunt uxores, quae patris iussu viros suos interfecerunt. Sola Hypermestra Lynceum servavit. ob id ceterae dicuntur apud inferos in dolium pertusum aquam ingerere. Hypermestrae et Lynceo fanum factum est.

AMYMONE

Amymone Danai filia dum studiose in silva venatur Satyrum iaculo percussit: eam Satyrus voluit violare: illa Neptuni fidem imploravit. quo Neptunus cum venisset, Satyrum abegit et ipse cum ea concubuit; ex quo conceptu nasci-

DANAOS

Danaos, des Belos Sohn, hatte von mehreren Gattinnen fünfzig Töchter, und ebenso viele Söhne sein Bruder Aigyptos, welcher seinen Bruder Danaos töten wollte, damit er die väterliche Krone alleine trage, und dessen Töchter vom Bruder seinen Söhnen zu Gemahlinnen forderte. Als Danaos die Sachlage erkannt hatte, floh er mit Athenens Hilfe aus Afrika nach Argos. Damals soll Athene zum ersten Male ein Schiff mit doppeltem Vorderdeck geschaffen haben, auf welchem Danaos entfliehen konnte. Doch Aigyptos, sobald er gemerkt hatte, daß Danaos entflohen sei, sendet aus seine Söhne, damit sie den Bruder verfolgen, und befiehlt ihnen, entweder Danaos zu töten oder nicht zu ihm zurückzukehren. Nachdem sie nach Argos gekommen waren, begannen sie, ihren Oheim anzugreifen. Danaos, als er sah, daß er ihnen nicht widerstehen könne, verspricht ihnen seine Töchter zu Gemahlinnen, damit sie abstehen vom Kampfe. Sie erlangten die von des Vaters Bruder stammenden Schwestern und empfingen sie zu Gemahlinnen, welche auf ihres Vaters Geheiß ihre Männer töteten. Allein Hypermestra rettete den Lynkeus. Deshalb – sagt man – schöpfen die übrigen in der Unterwelt Wasser in ein durchlöchertes Faß. Der Hypermestra aber und dem Lynkeus wurde ein Heiligtum errichtet.

AMYMONE

(Version I)

Während Amymone, des Danaos Tochter, eifrig im Walde jagte, durchbohrte sie einen Satyr mit ihrem Wurfspieße. Der Satyr wollte ihr Gewalt antun. Jene doch erflehte den treuen Schutz des Poseidon. Als Poseidon dorthin gekommen war, vertrieb er den Satyr und verkehrte selbst

tur Nauplius. id in quo loco factum est Neptunus dicitur fuscina percussisse terram et inde aquam profluxisse, qui Lernaeus fons dictus est et Amymonium flumen.

Amymone Danai filia missa est a patre aquam petitum ad sacrum faciendum. quae dum quaerit lassitudine obdormiit. quam Satyrus violare voluit; illa Neptuni fidem imploravit. Quod cum Neptunus fuscinam in Satyrum misisset, illa se in petram fixit; Satyrum Neptunus fugavit. qui cum rogaret, quid quaereret in solitudine a puella, illa se aquatum missam esse dixit a patre. quam Neptunus compressit; ex qua compressione natus est Nauplius. pro quo beneficium ei tribuit iussitque eius fuscinam de petra educere. quae cum eduxisset, tres silani sunt secuti. qui ex Amymones nomine Amymonius fons appellatus est. hic autem fons Lernaeus est postea appellatus.

FILIAE DANAI QUAE QUOS OCCIDERUNT

[...] Hypermestra Lynceum servavit; qui cum Danaus perisset primusque Abas ei nuntiasset Lynceus, circumspiciens in templo quid ei muneri daret, casu conspexit clipeum, quem Danaus consecraverat Iunoni, quem in iuventa gesserat: refixit et donavit Abanti ludosque consecravit qui quinto quoque anno aguntur,

mit ihr. Aus dieser Umarmung geht Nauplios hervor. An dem Orte aber, da dies geschehen, soll Poseidon mit seinem Dreizack die Erde durchbohrt haben, und von dort sei Wasser hervorgeflossen, welches lernaiischer Quell genannt ward und amymonischer Fluß.

(Version II)

Amymone, des Danaos Tochter, ward vom Vater entsandt, Wasser zu holen zur Übung heiliger Werke. Während sie suchte, schlief sie infolge ihrer Erschöpfung ein. Ein Satyr wollte ihr Gewalt antun. Jene doch rief des Poseidon treuen Schutz an. Nachdem Poseidon seinen Dreizack wider den Satyr geschleudert hatte, blieb jener in einem Felsen haften. Der Satyr aber floh den Poseidon. Als er die Maid fragte, was in der Einsamkeit sie suche, sagte jene, sie sei von ihrem Vater entsandt worden, Wasser zu holen. Poseidon doch tat ihr Gewalt an. Aus dieser Gewalttat ging Nauplios hervor. Für diesen Liebesdienst machte er ein Zugeständnis und hieß sie seinen Dreizack aus dem Felsen ziehen. Als sie [diesen] herausgezogen hatte, folgte ein dreifacher Springquell. Dieser wurde nach der Amymone Namen amymonischer Quell, später doch lernaiischer Quell genannt.

WELCHE DES DANAOS TÖCHTER WELCHE GETÖTET

[...][II] Hypermestra doch rettete den Lynkeus. Nachdem Danaos gestorben war und Abas als erster es ihm gekündet hatte, erblickte Lynkeus, als er im Tempel umherspähte, was er ihm zu Geschenke geben könne, zufällig den Rundschild, welchen Danaos der Hera geweiht, welchen

---

[II] Die Geschichte hebt an mit einer langen Aufzählung, welche der Töchter des Danaos welchen Sohn des Aigyptos getötet hat.

qui appellantur ἀσπὶς ἐν Ἄργει. quibus ludis cursoribus corona non datur sed clipeus. At Danaides post patris interitum viros duxerunt Argivos, e quibus qui nati sunt appellati.

EUROPA

Europa Argiopes et Agenoris filia Sidonia. Hanc Iuppiter in taurum conversus a Sidone Cretam transportavit et ex ea procreavit Minoem Sarpedonem Rhadamanthum. Huius pater Agenor suos filios misit, ut sororem reducerent aut ipsi in suum conspectum non redirent. Phoenix in Africam est profectus, ibique remansit; inde Afri Poeni sunt appellati. Cilix suo nomine Ciliciae nomen indidit. Cadmus cum erraret, Delphos devenit; ibi responsum accepit, ut a pastoribus bovem emeret, qui lunae signum in latere haberet, eumque ante se ageret; ubi decubuisset, ibi fatum esse eum oppidum condere et ibi regnare. Cadmus sorte audita cum imperata perfecisset et aquam quaereret, ad fontem Castalium venit, quem draco Martis filius custodiebat. Qui cum socios Cadmi interfecisset, a Cadmo lapide est interfectus, dentesque eius Minerva monstrante sparsit et aravit, unde Spartoe sunt enati. Qui inter se pugnarunt. Ex quibus quinque superfuerunt, id est Chthonius Udaeus Hyperenor Pelorus et Echion. Ex bove autem, quem secutus fuerat, Boeotia est appellata.

er in seiner Jugend getragen hatte. Er nahm ihn ab und schenkte ihn dem Abas und stiftete Spiele, welche in jedem fünften Jahre veranstaltet, welche „Rundschild in Argos" genannt werden. Gelegentlich dieser Spiele wird den Läufern nicht ein Kranz, sondern ein Rundschild verliehen. Doch die Danaiden heirateten nach ihres Vaters Tod argivische Männer, nach welchen ihre Söhne benannt sind.

EUROPA

Europa aus Sidon war der Argiope und des Agenor Tochter. Zeus verwandelte sich in einen Stier, setzte sie von Sidon nach Kreta über und zeugte mit ihr Minos, Sarpedon und Rhadamanthys. Ihr Vater Agenor sandte seine Söhne aus, damit sie die Schwester zurückführen oder selbst nicht vor sein Antlitz mehr zurückkehren. Phoinix brach nach Afrika auf und blieb dort zurück. Daher sind die Nordwestafrikaner Poeni (φοίνικες) genannt. Kilix gab nach seinem Namen Kilikien den Namen. Während Kadmos herumirrte, kam er nach Delphoi; dort erhielt er Bescheid, daß er von Hirten ein Rind, welches des Mondes Zeichen an der Flanke habe, kaufen und vor sich führen solle. Göttlicher Wille sei, daß er dort, wo das Rind sich werde niedergelegt haben, eine Stadt gründe und dort herrsche. Als Kadmos den Orakelspruch vernommen, das Gebotene vollendet hatte und Wasser suchte, kam er zur Kastalischen Quelle, welche ein Drache, ein Sohn des Ares, bewachte. Nachdem dieser des Kadmos Gefährten getötet hatte, ward er selbst von Kadmos mit einem Steine getötet, und unter Anweisung der Athene sähte er dessen Zähne und pflügte die Scholle, woraus die Spartoi erwuchsen. Diese doch fochten widereinander. Fünf von ihnen überlebten, und zwar Chthonios, Udaios, Hyperenor, Peloros und Echion. Nach dem Rind aber, dem er gefolgt war, ist das Land Boiotien[16] genannt.

SEMELE

Cadmus Agenoris et Argiopes filius ex Harmonia Martis et Veneris filia procreavit filias quattuor, Semelen Ino Agauen Autonoen, et Polydorum filium. Iovis cum Semele voluit concumbere; quod Iuno cum resciit, specie immutata in Beroen nutricem ad eam venit et persuasit, ut peteret ab Iove, ut eodem modo ad se quomodo ad Iunonem veniret, „ut intellegas“, inquit, „quae sit voluptas cum deo concumbere.“ Itaque Semele petiit ab Iove, ut ita veniret ad se. Qua re impetrata Iovis cum fulmine et tonitribus venit et Semele conflagravit. Ex utero eius Liber est natus, quem Mercurius ab igne ereptum Nyso dedit educandum, et Graece Dionysus est appellatus.

OCEANI FILIAE

Oceani filiae Idothea Amalthea Adrastea (alii dicunt Melissei filias esse) Iovis nutrices. * quae nymphae Dodonides dicuntur (alii Naiades vocant) quarum nomina Cisseis Nysa Erato Eriphia Bromie Polyhymno. hae in monte Nysa munere alumni potitae sunt, qui Medeam rogaverat, et deposita senectute in iuvenes mutatae sunt, consecrataeque postea inter sidera Hyades appellantur. Alii tradunt vocitatas Arsinoe Ambrosie Bromie Cisseis Coronis.

SEMELE

Kadmos, des Agenor und der Argiope Sohn, zeugte mit Harmonia, des Ares und der Aphrodite Tochter, vier Töchter, nämlich Semele, Ino, Agaue, Autonoe, und einen Sohn namens Polydoros. Zeus begehrte, mit Semele das Lager zu teilen. Als Hera das erfahren hatte, verwandelte sie sich in die Gestalt ihrer Amme Beroe, begab sich zu ihr, überredete sie, sich von Zeus zu erbitten, daß er in derselben Weise zu ihr wie zu Hera komme, und sprach: „Auf daß du erkennest, welche Wonne sei, einem Gotte beizuwohnen." Also erbat Semele von Zeus, daß er so zu ihr komme. Nachdem sie das erwirkt hatte, kam Zeus mit Blitz und Donnerschlag, und Semele verbrannte. Aus ihrem Mutterleibe aber wurde Bakchos geboren, welchen Hermes, nachdem er ihn dem Brande entrissen, Nysos zur Erziehung übergab. In griechischer Sprache ist er daher Dionysos genannt.

DES OKEANOS TÖCHTER

Des Okeanos Töchter Idotheia, Amaltheia und Adrasteia (andere sagen, sie seien des Melisseus Töchter) waren des Zeus Ammen. [...] Diese werden dodonische Nymphen genannt (andere nennen sie Naiaden), welcher Namen Kisseis, Nysa, Erato, Eriphia, Bromie, Polyhymno sind. Diese wurden auf dem Berge Nysa einer Gnade ihres Pfleglings teilhaftig, welcher Medeia[17] gebeten hatte, und sie wurden, nachdem ihr Greisenalter von ihnen gefallen, in junge Maiden verwandelt und werden, später erhoben unter die Gestirne, Hyaden genannt. Andere überliefern, sie seien gewöhnlich Arsinoe, Ambrosie, Bromie, Kisseis und Koronis genannt worden.

EQUORUM SOLIS ET HORARUM NOMINA

Eous; per hunc coelum verti solet. Aethops quasi flammeus est, concoquit fruges. hi funales sunt mares, feminae iugariae: Bronte quae nos tonitrua appellamus, Sterope quae fulgitrua. huic rei auctor est Eumelus Corinthius. Item quos Homerus tradit Abraxas Soter Bel Iao. item quos Ovidius Pyrois Eous Aethon et Phlegon. Horarum vero nomina (hae sunt Iovis Saturni filii et Themidis filiae Titanidae) Auxo Eunomia Pherusa Carpo Dice Euporie Thallo Irene Orthosie. alii auctores tradunt decem his nominibus: Auge Anatole Musice Gymnastice Nymphes Mesembria Sponde + elete + Acteethecypris Dysis.

ACTAEON

Actaeon Aristaei et Autonoes filius pastor Dianam lavantem speculatus est et eam violare voluit. ob id Diana irata fecit ut ei cornua in capite nascerentur et a suis canibus consumeretur.

DIANA

Diana cum in valle opacissima cui nomen est Gargaphia aestivo tempore fatigata ex assidua venatione se ad fontem cui nomen est Parthe-

DES HELIOS ROSSE UND DER HOREN NAMEN

Eous; durch diesen pflegt der Himmel gedreht zu werden. Aithiops ist gleichsam flammend; er bringt die Feldfrucht zur Reife. Diese männlichen sind an der Leine ziehend, die im Joche gehenden weiblich: Bronte, welche wir Donner nennen, Sterope, welche Blitz. Dieser Kunde Urheber ist Eumelos von Korinth. Ebenso [sind zu nennen jene], welche Homeros überliefert, Abraxas, Soter(?), Bel(?), Iao(?). Ebenso, welche Ovidius, Pyrois, Eous, Aithon und Phlegon. Der Horen Namen aber (diese sind des Zeus, des Kronos‘ Sohnes, und der Themis Töchter, der Titanide) [sind] Auxo, Eunomia, Pherusa, Karpo, Dike, Euporie, Thallo, Eirene und Orthosie. Andere Autoren überliefern zehn folgender Namen: Auge, Anatole, Musike, Gymnastike, Nymphe, Mesembria, Sponde, Telcte(?), Akte(?), Hesperis(?) und Dysis.[18]

AKTAION

Der Hirte Aktaion, des Aristaios und der Autonoe Sohn, beobachtete Artemis, da sie ein Bad nahm, und wollte ihr Gewalt antun. Artemis geriet darob in Zorn und wirkte, daß ihm Hörner auf dem Haupte wachsen und er von seinen Hunden verspeist werde.

ARTEMIS

Als Artemis in einem tief beschatteten Tale, welches den Namen Gargaphia trägt, zur Sommerszeit, ermattet von beständiger Jagd, sich in einem Quell, welcher Partheni-

nius perlueret, Actaeon Cadmi nepos, Aristaei et Autonoes filius, eundem locum petens ad refrigerandum se et canes, quos exercuerat feras persequens, in conspectum deae incidit: qui ne loqui posset, in cervum ab ea est conversus. ita pro cervo laceratus est a suis canibus. [...]

PENTHEUS ET AGAUE

Pentheus Echionis et Agaues filius Liberum negavit deum esse nec mysteria eius accipere voluit. ob hoc eum Agaue mater cum sororibus Ino et Autonoe per insaniam a Libero obiectam membratim laniavit. Agaue ut suae mentis compos facta [est,] ut vidit se Liberi impulsu tantum scelus admisisse, profugit ab Thebis atque errabunda in Illyriae fines devenit ad Licotersen regem. quam Licoterses excepit.

THEMISTO

Athamas Aeoli filius habuit ex Nebula uxore filium Phrixum et filiam Hellen, et ex Themisto Hypsei filia filios duos Sphincium et Orchomenum, et ex Ino Cadmi filia filios duos Learchum et Melicerten. Themisto, quod se Ino coniugio privasset, filios eius interficere voluit. itaque in regia latuit clam et occasione nacta, cum putaret se inimicae natos interfecis-

os heißt, badete, geriet Aktaion, des Kadmos Enkel, des Aristaios und der Autonoe Sohn, welcher den nämlichen Ort erstrebte, sich zu kühlen und seine Hunde, welche er geübt, wilde Tiere zu haschen, in der Göttin Gesichtskreis. Damit dieser aber nicht sprechen könne, wurde er von ihr in einen Hirsch verwandelt. So ward er als Hirsch von seinen eigenen Hunden zerrissen. [...][III]

PENTHEUS UND AGAUE

Pentheus, des Echion und der Agaue Sohn, leugnete, daß Dionysos ein Gott sei, und wollte dessen Mysterien nicht aufnehmen. Seine Mutter Agaue mit ihren Schwestern Ino und Autonoe zerriß ihn daher, von Dionysos mit Wahnsinn geschlagen, gliederweise. Sobald Agaue ihres Sinnes [wieder] teilhaftig geworden und gesehen, daß sie, von Dyonisos getrieben, einen so großen Frevel begangen, floh sie aus Theben und kam umherirrend ins Gebiet von Illyrien zu König Lykotherses. Lykotherses doch nahm sie auf.

THEMISTO

Athamas, des Aiolos Sohn, hatte von seiner Gattin Nephele einen Sohn, Phrixos, und eine Tochter, Helle, von Themisto aber, des Hypseus Tochter zwei Söhne, nämlich Sphinkios und Orchomenos. Auch von Ino, des Kadmos Tochter, hatte er zwei Söhne: Learchos und Melikertes. Weil Ino sie des Gatten beraubt hatte, trachtete Themisto, deren Söhne zu töten. Daher verbarg sie sich heimlich im Palaste, und als die Gelegenheit gekommen, erschlug sie,

III Es folgt eine lange Aufzählung der Namen aller Hunde des Aktaion.

se, suos imprudens occidit, a nutrice decepta, quod eis vestem perperam iniecerat. Themisto cognita re ipsa se interfecit.

INO

Ino Cadmni et Harmoniae filia, cum Phrixum et Hellem ex Nebula natos interficere voluisset, iniit consilium cum totius generis matronis et coniuravit, ut fruges in sementem quas darent torrerent, ne nascerentur: ita ut, cum sterilitas et penuria frugum esset, civitas tota partim fame partim morbo interiret. De ea re Delphos mittit Athamas satellitem. cui Ino praecepit, ut falsum responsum ita referret: si Phrixum immolasset Iovi, pestilentiae fore finem. Quod cum Athamas se facturum abnuisset, Phrixus ultro ac libens pollicetur se unum civitatem aerumna liberaturum. itaque cum ad aram cum infulis esset adductus et pater Iovem comprecari vellet, satelles misericordia adolescentis Inus Athamanti consilium patefecit. Rex facinore cognito uxorem suam Ino et filium eius Melicerten Phrixo dedit necandos. quos cum ad supplicium duceret Liber pater ei caliginem iniecit et Ino suam nutricem eripuit. Athamas postea ab Iunone insania obiecta Learchum filium interfecit. at Ino cum Melicerte filio suo in mare se praecipitavit. quam Liber Leucotheam voluit appellari, nos matrem Matutam dicimus, Melicerten autem deum Palaemonem quem nos Portunum

ohne es zu wissen, die eigenen Kinder, wobei sie dachte, ihrer Feindin Sprösslinge zu töten, denn die Amme hatte sie getäuscht, weil sie jenen das falsche Kleid umgelegt. Als Themisto den Sachverhalt erfaßt hatte, tötete sie sich selbst.

INO

Weil Ino, des Kadmos und der Harmonia Tochter, Phrixos und Helle, der Nephele Kinder, töten wollte, faßte sie mit des gesamten Geschlechtes Frauen einen Plan und zettelte eine Verschwörung an, daß sie das Getreide, welches sie zur Aussaat verwenden, dörren, damit es nicht keime und so wegen Unfruchtbarkeit und Mangel der Feldfrucht das gesamte Gemeinwesen teils durch Hunger, teils durch Krankheit zugrunde gehe. Dieser Sache betreffs sendet Athamas einen seiner Trabanten nach Delphoi. Ino aber befahl ihm, falschen Bescheid so zurückzubringen: Wenn er den Phrixos werde dem Zeus geopfert haben, werde die Seuche ein Ende haben. Als Athamas aber abgelehnt hatte, dies zu tun, verspricht Phrixos freiwillig und gern, daß er allein das Gemeinwesen von seiner Drangsal befreien werde. Als er daher mit den Wollbinden zum Altare geführt worden war und der Vater Zeus anflehen wollte, eröffnete der Trabant aus Mitleid mit dem Jüngling dem Athamas der Ino Plan. Nachdem das Verbrechen aufgedeckt war, übergab der König seine Gattin Ino und deren Sohn Melikertes dem Phrixos, damit er sie töte. Als er sie zur Hinrichtung führte, hüllte Dionysos ihn in dichten Nebel und entrückte Ino, seine Amme. Athamas doch tötete später, von Hera mit Wahnsinn geschlagen, seinen Sohn Learchos. Ino aber stürzte sich mit ihrem Sohne Melikertes ins Meer hinab. Dionysos wollte, daß man sie Leukothea[19] nenne (wir heißen sie Mater Matuta), Melikertes aber Palaimon, welchen wir

dicimus. huic quinto quoque anno ludi gymnici fiunt, qui appellantur isthmia.

PHRIXUS

Phrixus et Helle insania a Libero obiecta cum in silva errarent, Nebula mater eorum dicitur venisse et arietem inauratum adduxisse, Neptuni et Theophanes filium. in quem natos suos ascendere iussit et Colchos ad regem Aeetam Solis filium transire ibique arietem Marti immolare. Ita dicitur esse factum. Qui cum ascendissent et aries eos in pelagus detulisset, Helle de ariete decidit, ex quo Hellespontum pelagus est appellatum; Phrixum autem Colchos detulit. Ibi matris praeceptis arietem immolavit pellemque eius inauratam in templo Martis posuit. quam servante dracone Iason Aesonis et Alcimedes filius dicitur petisse. Phrixum autem Aeeta libens recepit filiamque Chalciopen dedit ei uxorem. quae postea liberos ex eo procreavit. Sed veritus est Aeeta ne se regno eiiceret, quod ei responsum fuit ex prodigiis, ab advena Aeoli filio mortem caveret. Itaque Phrixum interfecit. At filii eius Argus Phrontis Melas Cytisorus in ratem conscenderunt ut ad avum Athamantem transirent. hos Iason cum pellem peteret naufragos ex insula Dia sustulit et ad Chalciopen matrem reportavit, cuius beneficio ad sororem Medeam est commendatus.

Portunus heißen. In jedem fünften Jahre werden ihm gymnische Spiele gegeben, welche „Isthmien“ genannt werden.

PHRIXOS

Als Phrixos und Helle, weil Dionysos ihnen Wahnsinn eingehaucht hatte, im Walde umherirrten, soll Nephele, ihre Mutter, gekommen sein und einen vergoldeten Widder[20] herangeführt haben, des Poseidon und der Theophane Sohn. Sie hieß ihre Kinder diesen besteigen und nach Kolchis zum Könige Aietes, des Helios‘ Sohn, übersetzen und dort den Widder dem Ares opfern. So sei es, sagt man, geschehen. Als sie aufgestiegen waren und der Widder sie nach dem Meere hinfortgetragen hatte, stürzte Helle von dem Widder herab, wonach das Meer Hellespontos[21] genannt ist; den Phrixos aber brachte er nach Kolchis. Dort opferte er den Widder gemäß seiner Mutter Vorschriften und legte dessen güldenes Vließ in den Tempel des Ares. Nach diesem – ein Drache bewachte es – soll Iason, des Aison und der Alkimede Sohn, ausgegangen sein. Den Phrixos aber nahm Aietes gutmütig auf und gab ihm seine Tochter Chalkiope zu Gemahl. Sie gebar ihm später Kinder. Doch Aietes fürchtete, daß er ihn vom Throne stürze, da er ein Orakel erhalten hatte aus Wunderzeichen, er solle sich hüten vor dem Tode durch einen Fremdling, des Aiolos Sohn. Daher tötete er den Phrixos. Doch seine Söhne Argos, Phrontis, Melas und Kytisoros bestiegen ein Floß, um zu ihrem Großvater Athamas überzusetzen. Diese barg Iason, da er nach dem Vließe strebte, als Schiffbrüchige von der Insel Dia und brachte sie zu ihrer Mutter Chalkiope zurück, durch welcher Vermittlung er ihrer Schwester Medeia anempfohlen ward.

INO EURIPIDIS

Athamas in Thessalia rex, cum Inonem uxorem ex qua duos filios suscepit perisse putaret, duxit nymphae filiam Themistonem uxorem. ex ea geminos filios procreavit. Postea resciit Inonem in Parnasso esse, quae bacchationis causa eo pervenisse dicitur, misitque qui eam adducerent. quam adductam celavit. Resciit Themisto eam inventam esse, sed quae esset nesciebat. coepit velle filios eius necare. rei consciam, quam captivam esse credebat, ipsam Inonem sumpsit et ei dixit, ut filios suos candidis vestimentis operiret Inonis filios nigris. Ino suos candidis, Themistonis pullis operuit. tunc Themisto decepta suos filios occidit. id ubi resciit ipsa se necavit. Athamas autem in venatione per insaniam Learchum maiorem filium suum interfecit. at Ino cum minore filio Melicerte in mare se deiecit et dea est facta.

ATHAMAS

Semele quod cum Iove concubuerat, ob id Iuno toto generi eius fuit infesta. itaque Athamas Aeoli filius per insaniam in venatione filium suum interfecit sagittis.

CADMUS

Cadmus Agenoris et Argiopes filius ira Martis quod draconem fontis Castalii custodem occi-

DES EURIPIDES INO

Weil er glaubte, seine Gattin Ino, von welcher er zwei Söhne [hatte], sei zugrunde gegangen, nahm Athamas, König in Thessalien, Themisto, einer Nymphe Tochter, zu Gemahl. Von ihr hatte er Zwillinge. Später kam er dahinter, daß Ino, welche der Bakchosfeier wegen dorthin gekommen sein soll, auf dem Parnasse weile, und sandte Leute, welche diese herbeiführen sollten. Nachdem sie herangeführt war, verbarg er sie. Themisto kam dahinter, daß jene gefunden sei, wußte jedoch nicht, wer sie sei. Das Begehren, deren Söhne zu töten, ergriff von ihr Besitz. Der Sache Mitwisserin nahm sie Ino selbst, welche sie eine Gefangene hielt, und sagte zu dieser, daß sie ihre Söhne in weiße Kleider hülle(n solle), der Ino Söhne in schwarze. Ino hüllte ihre Söhne in weiße, der Themisto in schwärzlichte [Kleider]. Daraufhin erschlug Themisto, getäuscht, ihre eigenen Söhne. Sobald sie des gewahr geworden, tötete sie sich selbst. Athamas doch mordete gelegentlich einer Jagd im Wahne seinen älteren Sohn Learchos. Ino aber stürzte sich mit ihrem kleineren Sohne Melikertes ins Meer und ward eine Göttin.

ATHAMAS

Weil Semele mit Zeus das Lager geteilt hatte, war Hera ihrem ganzen Stamme feind. Daher tötete Athamas, des Aiolos Sproß, im Wahne gelegentlich einer Jagd seinen Sohn mit Pfeilen.

KADMOS

Kadmos, des Agenor und der Argiope Sohn, wurde durch des Ares Zorn, weil er den Drachen, der Kastalischen

derat suorum prole interempta cum Harmonia Veneris et Martis filia uxore sua in Illyriae regionibus in dracones sunt conversi.

ANTIOPA

Antiopa Nyctei filia ab Epopeo per dolum est stuprata: itaque a Lyco viro suo eiecta est. Hanc viduam Iupiter compressit. At Lycus Dircen in matrimonium duxit, cui suspicio incidit virum suum clam cum Antiopa concubuisse: itaque imperavit famulis ut eam in tenebris vinctam clauderent. Cui postquam partus instabat, effugit ex vinculis Iovis voluntate in montem Cithaeronem: cumque partus premeret et quaereret, ubi pareret dolor eam in ipso bivio coegit partum edere. quos pastores pro suis educarunt et appellarunt Zethon ἀπὸ τοῦ ζητεῖν τόπον, alterum autem Amphionem ὅτι ἐν διόδῳ ἤ ὅτι ἀμφὶ ὁδὸν αὐτὸν ἔτεκεν id est quoniam in bivio eum edidit. Qui postquam matrem agnoverunt Dircen ad taurum indomitum deligatam vita privarunt. Ex cuius cruore in monte Cithaerone fons est natus, qui Dircaeus est appellatus, beneficio Liberi, quod eius baccha fuerat.

EADEM EURIPIDIS QUAM SCRIBIT ENNIUS

Nyctei regis in Boeotia fuit filia Antiopa. eius formae bonitate Iuppiter adductus gravidam fecit. quam pater cum punire vellet propter stup-

Quelle Hüter, erschlagen hatte, nach ihrer beider Kinder Hinraffung mit Harmonia, der Aphrodite und des Ares Tochter, seiner Gattin, zu Illyrien in Drachen verwandelt.

ANTIOPE

Antiope, des Nykteus Tochter, wurde von Epopeus vermittelst einer List entehrt. Daher ward sie von Lykos, ihrem Gatten, verstoßen. Dieser, gattenlos, tat Zeus Gewalt an. Lykos aber heiratete Dirke, welche der Verdacht beschlich, ihr Gatte habe heimlich mit Antiope verkehrt. Daher befahl sie ihren Dienern, diese an einem finsteren Orte gefesselt einzuschließen. Als nahe war die Zeit, da sie gebären sollte, entfloh sie gemäß Zeus' Willen aus ihrem Gefängnisse nach dem Kithairon. Und als ihre Wehen einsetzten und sie suchte, wo sie niederkommen könne, zwang sie ihr Schmerz, unmittelbar an einem Zweiwege ihre Kinder zu gebären. Diese erzogen Hirten wie eigene Söhne und nannten [den einen] Zethos nach dem Suchen einen Ort, den anderen aber Amphion, da sie ihn an einem Zweiwege oder weil sie ihn bei einem Wege geboren hatte, das heißt, weil sie ihn auf einem Zweiwege geboren. Nachdem diese ihre Mutter wiedererkannt hatten, beraubten sie Dirke, an einen wilden Stier gebunden, ihres Lebens. Aus ihrem Blut entsprang ein Quell auf dem Kithairon, welcher Dirkaios genannt, durch das Wohlwollen des Dionysos, weil jene eine Mänade gewesen war.

DES EURIPIDES ANTIOPE IN DES ENNIUS VERSION

Antiope war des Nykteus, des Königes in Boiotien, Tochter. Zeus, durch ihrer Schöne Güte bewegt, umfing sie. Weil ihr Vater sie bestrafen wollte ob ihrer Schändung,

rum minitans periculum Antiopa effugit in Cithaeronem, parit geminos et relinquit. quos pastor educavit, Zethum et Amphionem nominavit. Casu in eodem loco quo illa pervenerat Epopeus Sicyonius stabat. is mulierem advectam domo matrimonio suo iunxit. Id Nycteus aegre ferens cum moreretur Lyco fratri suo per obtestationem mandat, ne impunem Antiopam ferret. Huius post mortem Lycus, cui tum regnum relinquebat, Sicyonem venit: interfecto Epopeo Antiopam vinctam abduxit. Antiopa Dirce uxori Lyci data in cruciatum occasione nacta fugae se mandavit. devenit ad filios suos. ex quibus Zethus existimans fugitivam non recepit. In eundem locum Dirce per bacchationem Liberi tunc delata est: ibi Antiopam repertam ad mortem extrahebat. sed ab educatore pastore adolescentes certiores facti eam esse matrem suam celeriter consecuti matrem eripuerunt. Dircem ad taurum crinibus religatam necant. Lycum cum occidere vellent vetuit eos Mercurius et simul iussit Lycum concedere regnum Amphioni.

NIOBE

Amphion et Zetus Iovis et Antiopes Nyctei filii iussu Apollinis Thebas muro circumcinxerunt usque ad Semelae bustum Laiumque Labdaci regis filium in exsilium eiecerunt, ipsi ibi regnum obtinere coeperunt. Amphion in coniugium Niobam Tantali et Diones filiam accepit, ex qua procreavit liberos septem totidemque filias; quem partum Niobe Latonae anteposuit super-

drohend den Prozeß, floh Antiope nach dem Kithairon, gebar Zwillinge und ließ sie zurück. Ein Hirte zog diese auf und nannte sie Zethos und Amphion. Zufällig weilte an dem nämlichen Orte, dahin jene gelangt war, der Sikyonier Epopeus. Der nahm die von zu Hause hergekommene Frau zu Gemahl. Dies trug Nykteus schwer, und als er starb, beschwor er seinen Bruder Lykos und befahl ihm, Antiope nicht ungestraft zu lassen. Nach dessen Tode kam Lykos, welchem er damals sein Reich hinterließ, nach Sikyon. Nachdem Epopeus getötet worden war, führte er Antiope gefesselt hinfort. Antiope, der Dirke, des Lykos Gattin, zur Marter übergeben, floh, als Gelegenheit sich bot. Sie kam zu ihren Söhnen, von welchen sie Zethos, glaubend, sie sei eine Entflohene, nicht aufnahm. An den nämlichen Ort wurde damals Dirke gelegentlich einer Bakchosfeier verschlagen. Dort fand sie Antiope und schleppte sie zum Tode hervor. Doch von dem Hirten, ihrem Ernährer, in Kenntnis gesetzt, daß jene ihre Mutter sei, setzten eilendes Fußes nach die Jünglinge und entrissen ihre Mutter. Dirke doch binden sie mit ihren Haaren an einen Stier und töten sie. Als sie den Lykos töten wollten, verbot's ihnen Hermes und befahl zugleich dem Lykos, die Krone dem Amphion zu überlassen.

NIOBE

Amphion und Zetos, die Söhne des Zeus und der Antiope, des Nykteus Tochter, umgürteten auf Geheiß des Apollon Theben mit einer Mauer bis zu der Semele Grabstatt, trieben Laios, des Königes Labdakos Sohn, in die Verbannung und begannen, selbst dort die Herrschaft zu übernehmen. Amphion heiratete Niobe, des Tantalos und der Dione Tochter, mit welcher er sieben Söhne zeugte und ebenso viele Töchter. Diese Nachkommenschaft stellte Niobe den

biusque locuta est in Apollinem et Dianam, quod illa cincta viri cultu esset et Apollo veste deorsum atque crinitus, et se numero filiorum Latonam superare. Ob id Apollo filios eius in silva venantes sagittis interfecit et Diana filias in regia sagittis interemit praeter Chloridem. At genetrix liberis orba flendo lapidea facta esse dicitur in monte Sipylo, eiusque hodie lacrimae manare dicuntur. Amphion autem cum templum Apollinis expugnare vellet, ab Apolline sagittis est interfectus.

CHLORIS

Chloris Niobes et Amphionis filia, quae ex septem superaverat. hanc habuit in coniugen Neleus Hippocoontis filius. ex qua procreavit liberos masculos XII. Hercules cum Pylum expugnaret Neleum interfecit et filios eius decem, undecimus autem Periclymenus beneficio Neptuni avi in aquilae effigiem commutatus mortem effugit. nam duodecimus Nestor illo tempore aberat. qui tria secula vixisse dicitur beneficio Apollinis. nam quos annos Chloridis fratribus Apollo eripuerat, Nestori concessit.

PELIAS

Peliae Crethei et Tyrus filio responsum erat, ut Neptuno sacrum faceret, et si quis monocrepis (id est uno pede calceatus) supervenisset, tum mortem eius appropinquare. Is cum annua sac-

Kindern der Leto voran und äußerte ziemlich hochmütig wider Apollon und Artemis, daß jene gegürtet sei mit des Mannes Schmuck und Apollon herabwallendes Kleid und lockiges Haar trage, und sagte, daß sie an Zahl ihrer Kinder Leto übertreffe. Deshalb tötete Apollon ihre Söhne, während sie im Walde jagten, mit seinen Pfeilen und Artemis streckte im Palaste mit ihren Pfeilen die Töchter nieder außer Chloris. Ihre Mutter aber, ihrer Kinder beraubt, sei, wie man sagt, auf dem Gebirge Sipylos durch ihr Weinen steinern geworden, und noch heute sollen ihre Zähren fließen. Als Amphion jedoch den Tempel des Apollon erstürmen wollte, tötete dieser ihn mit seinen Pfeilen.

CHLORIS

Chloris war der Niobe und des Amphion Tochter, welche von sieben (Töchtern) überlebt hatte. Sie war des Neleus, des Hippokoon Sohn, Gemahl, welcher zwölf Söhne von ihr hatte. Als Herakles Pylos eroberte, tötete er den Neleus und zehn seiner Söhne, der elfte jedoch, Periklymenos, durch des Poseidon, seines Großvaters, Einwirkung in eines Aaren Gestalt verwandelt, entfloh dem Tode. Der zwölfte, Nestor nämlich, war zu jener Zeit abwesend. Dieser habe – wie man sagt – durch Einwirkung des Apollon drei Menschenalter gelebt. Denn welche Jahre Apollon der Chloris Brüdern entrissen hatte, gestund er dem Nestor zu.

PELIAS

Pelias, des Kretheus und der Tyro Sohn, hatte einen Orakelspruch erhalten, daß er dem Poseidon opfern möge, und wenn irgendein Einschuhiger (das ist ein an einem Fuße Beschuhter) ihm über den Weg laufe, dann nahe sein Tod.

ra faceret Neptuno, Iason Aesonis filius fratris Peliae cupidus sacra faciendi, dum flumen Euhenum transiret, calceamentum reliquit. quod ut celeriter ad sacra veniret neglexit. Id Pelias inspiciens memor sortium praecepti iussit eum pellem arietis, quam Phrixus Marti sacraverat, inauratam Colchis ab rege Aeeta hoste petere. Qui convocatis Graeciae ducibus Colchos est profectus.

IUNO

Iuno cum ad flumen Euhenum in anum se convertisset et staret ad hominum mentes tentandas rogaretque, ut se flumen transferrent et id nemo vellet, Iason Aesonis et Alcimedes filius eam transtulit. Ea autem irata Peliae, quod sibi sacrum intermiserat facere, effecit ut Iason unam crepidam in limo relinqueret.

LEMNIADES

In insula Lemno mulieres Veneri sacra aliquot annos non fecerant, cuius ira viri earum Thressas uxores duxerunt et priores spreverunt. At Lemniades eiusdem Veneris impulsu coniuratae genus virorum omne quod ibi erat interfecerunt praeter Hypsipylen, quae patrem suum Thoantem clam in navem imposuit, quem tempestas in insulam Tauricam detulit. Interim Argonautae praenavigantes Lemmum accesserunt. quos ut vidit Iphinoe custos portae nun-

Als er dem Poseidon die jährlichen Opfer brachte, ließ Iason, des Aison Sohn, des Bruders des Pelias, begierig zu opfern, während er den Fluß Euenos überschritt, sein Schuhwerk zurück. Er bekümmerte sich darum jedoch nicht, damit er schnell zum Opfern komme. Als Pelias dies erkannte, befahl er ihm, eingedenk der Lose Lehre, des Widders güldenes Vließ, welches Phrixos dem Ares geweiht hatte, zu Kolchis von König Aietes, seinem Feinde, zu erbitten. Nachdem die Führer Griechenlands waren zusammengerufen worden, brach er nach Kolchis auf.

HERA

Als Hera am Flusse Euenos sich in eine Greisin verwandelt hatte und [dort] stund, [um] der Menschen Sinne zu erproben, und bat, daß man sie über den Fluß trage, und dies niemand wollte, trug Iason, des Aison und der Alkimede Sohn, sie hinüber. Diese aber, zürnend dem Pelias, weil er unterlassen, ihr das Opfer zu bringen, bewirkte, daß Iason einen Schuh im Schlamme des Wassers zurückließ.

DIE LEMNIADEN

Auf der Insel Lemnos hatten die Frauen der Aphrodite einige Jahre lang keine Opfer gebracht. Infolge ihres Zornes heirateten deren Männer thrakische Frauen und verschmähten die früheren. Doch getrieben von der nämlichen Aphrodite verschworen sich die Lemniaden und töteten das ganze Geschlecht der Männer, welches dort war, außer Hypsipyle, welche ihren Vater Thoas heimlich in ein Schiff brachte, welchen ein Sturm nach der Taurischen Insel[22] verschlug. Indes erreichten die vorüberschiffenden Argonauten Lemnos. Als diese Iphinoe, des Hafens Wäch-

ciavit Hypsipylae reginae, cui Polyxo aetate constituta dedit consilium, ut eos laribus hospitalibus obligaret hospitioque invitaret. Hypsipyle ex Iasone procreavit filios Euneum et Deiphilum. Lemniades autem, quaecumque ex Argonautis conceperunt, eorum nomina filiis suis imposuerunt. Ibi cum plures dies retenti essent ab Hercule obiurgati discesserunt. Lemniades autem, postquam rescierunt Hypsipylen patrem suum servasse, conatae sunt eam interficere. illa fugae se mandavit. hanc praedones exceptam Thebas deportarunt et regi Lyco in servitium vendiderunt.

CYZICUS

Cyzicus Eusori filius rex in insula Propontidis Argonautas hospitio liberali excepit. qui cum ab eo discessissent totumque diem navigassent, nocte tempestate orta ad eandem insulam ignari delati sunt. quos Cyzicus hostes Pelasgicos arbitrans esse cum eis noctu in littore arma contulit et ab Iasone est interfectus. qui postero die cum prope littus appropinquasset et vidisset se regem interfecisse sepulturae eum dedit atque filiis regnum tradidit.

AMYCUS

Amycus Neptuni et Melies filius Bebryciae rex, in huius regna qui venerat, caestibus cogebat secum contendere et devictos perdebat.

terin, erblickt hatte, berichtete sie ihrer Königin Hypsipyle, welcher Polyxo, die bereits gesetzten Alters war, den Rat gab, daß sie jene den Laren des gastlichen Herdes verpflichte und sie in Gastfreundschaft einlade. Hypsipyle gebar von Iason die Söhne Euneos und Deipylos. Die Lemniaden aber, welche von den Argonauten schwanger geworden waren, gaben ihren Söhnen derer Namen. Als sie dort sich mehrere Tage aufgehalten hatten, brachen sie, von Herakles gescholten, [wieder] auf. Die Lemniaden aber, nachdem sie erfahren hatten, daß Hypsipyle ihren Vater gerettet habe, versuchten diese zu töten. Daher floh jene. Räuber doch ergriffen sie, brachten sie nach Theben und verkauften sie dem Könige Lykos unter Sklavenjoch.

KYZIKOS

Kyzikos, des Eusoros Sohn, König auf einer Insel der Propontis, nahm die Argonauten gütig in sein gastlich Haus auf. Nachdem sie von ihm geschieden und einen ganzen Tag umhergeschifft waren, wurden sie, als sich des Nachts ein Sturm erhoben hatte, ohne es zu wissen, nach der nämlichen Insel verschlagen. Weil Kyzikos glaubte, sie seien pelasgische Feinde, focht er mit ihnen des Nachts an der Küste und ward von Iason getötet. Als dieser doch am folgenden Tage sich dem Strande genähert und gesehen hatte, daß er den König getötet, richtete er ihm das Begräbnis aus und übergab die Krone seinen Söhnen.

AMYKOS

Amykos, des Poseidon und der Melia Sohn, König in Bebrykien, pflegte jeden, der in sein Reich gekommen, zu zwingen, mit Schlagriemen wider ihn zu kämpfen, und

hic cum Argonautas provocasset ad caestus, Pollux cum eo contendit et eum interfecit.

LYCUS

Lycus rex insulae Propontidis Argonautas recepit hospitio in honorem eo quod Amycum interfecerant quod eum saepe insidiaretur. Argonautae dum apud Lycum morantur et stramentatum exissent Idmon Apollinis filius ab apro percussus interiit. in cuius dum diutius sepultura morantur Iphis Phorbantis filius moritur. Tunc Argonautae Ancaeo Neptuni filio navem Argo gubernandam dederunt.

PHINEUS

Phineus Agenoris filius Thrax ex Cleopatra habuit filios duos. hi a patre novercae crimine excaecati sunt. huic etiam Phineo Apollo augurium dicitur dedisse. hic deorum consilia cum enuntiaret ab Iove est excaecatus et apposuit ei Harpyias quae Iovis canes esse dicuntur quae escam ab ore eius auferrent. huc cum Argonautae devenissent et eum iter ut demonstraret rogarent, dixit se dernonstraturum si eum poena liberarent. Tunc Zetes et Calais Aquilonis venti et Orithyiae filii, qui pennas in capite et in pedibus habuisse dicuntur, Harpyias fugaverunt in insulas Strophadas et Phineum poena liberarunt. Quibus monstravit quomodo symplegadas transirent: ut columbam mitterent in recessu

die Besiegten zu töten. Als er aber die Argonauten zum Faustkampfe hatte herausgefordert, focht Polydeukes mit ihm und erschlug ihn.

LYKOS

Lykos, König einer Insel der Propontis, nahm die Argonauten gastlich und in Ehren auf deshalb, weil sie Amykos getötet, der diesem oft nach dem Leben getrachtet hatte. Als die Argonauten bei Lykos weilten und Stroh zu holen ausgegangen waren, wurde Idmon, des Apollon Sohn, von einem Eber durchbohrt und ging zugrunde. Während sie ziemlich lange bei seinem Begräbnis verweilten, starb Tiphys, des Phorbas Sohn. Daraufhin übergaben die Argonauten dem Ankaios, des Poseidon Sohn, das Steuer ihres Schiffes Argo.

PHINEUS

Der Thraker Phineus, des Agenor Sohn, hatte von Kleopatra zwei Söhne. Diese wurden von ihrem Vater infolge einer Anschuldigung ihrer Stiefmutter geblendet. Diesem Phineus soll Apollon sogar die Weissagekunst verliehen haben. Weil er jedoch der Götter Pläne ausplauderte, ward er von Zeus geblendet, und er gab ihm die Harpyien [23], welche – wie man sagt – des Zeus Hunde sind, bei, die seine Speise von seinem Mund entführen sollten. Als die Argonauten dorthin gekommen waren und ihn baten, daß er [ihnen] den Weg weise, sprach er, er werde weisen, wenn sie ihn von seiner Pein befreien. Daraufhin schlugen Zetes und Kalais, des Windes Boreas und der Oreithyia Söhne, welche Federn an Haupt und Füßen getragen haben sollen, die Harpyien in die Flucht nach den Strophaden und befreiten Phineus von seiner Pein. Er doch zeigte ihnen, wie sie

earum, quam petrae cum concurrissent si contudissent illi retro refugerent. Argonautae beneficio Phinei symplegadas transierunt.

STYMPHALIDES

Argonautae cum ad insulam Ariam venissent et aves ex pennis suis eos configerent pro sagittis cum multitudini avium resistere non possent ex Phinei monitu clypeos et hastas sumpserunt exque more Curetum sonitu eas fugarunt.

PHRIXI FILII

Argonautae cum per Cyaneas cautes, quae dicuntur petrae symplegades, intrassent mare quod dicitur Euxinum et errarent, voluntate Iunonis delati sunt ad insulam Ariam. ibi invenerunt naufragos nudos atque inopes Phrixi et Chalciopes filios Argum Phrontin Melam Cytisorum. qui cum casus suos exposuissent Iasoni, se cum ad avum festinarent Athamanta ire naufragio facto ibi esse eiectos quos Iason receptos auxilio iuvit. qui Iasonem Colchos perduxerunt per flumen Thermodontem. et cum iam non longe essent a Colchis iusserunt navem in occulto collocari et venerunt ad matrem Chalciopen Medeae sororem indicantque Iasonis beneficia et cur venisset. Tunc Chalciope de Medea indicat perducitque eam cum

die Symplegaden[24] durchmessen können: Sie sollten eine Taube entsenden bei derer Rücklauf, wenn aber die Felsen bei ihrem Zusammenstoße diese zermürbten, sollten jene die Flucht zurück antreten. Mit dem Beistande des Phineus doch durchmaßen die Argonauten die Symplegaden.

DIE STYMPHALIDEN

Als die Argonauten zur Insel Aretia(?) gekommen waren und die Vögel sie mit ihren Federn durchbohrten wie mit Pfeilen, sie aber der Vögel Menge nicht widerstehen konnten, nahmen sie gemäß des Phineus Bedeuten große Rundschilde und Lanzen und schlugen jene nach der Kureten Brauch mit Getöse in die Flucht.

DES PHRIXOS SÖHNE

Als die Argonauten durch die kyaneischen Klippen, welche zusammenschlagende Felsen (Symplegaden) genannt werden, in das Meer eingefahren waren, welches Euxeinos[25] genannt wird, und umherirrten, wurden sie gemäß der Hera Willen nach der Insel Aretia(?) verschlagen. Dort fanden sie Schiffbrüchige, bloß und hilflos, des Phrixos und der Chalkiope Söhne, Argos, Phrontides, Melas, Kytisoros. Nachdem diese ihre unglücklichen Schicksalsfälle dem Iason geschildert hatten, daß sie, während sie eilten, zu ihrem Großvater Athamas zu kommen, nach einem Schiffbruch dort seien an Land geworfen worden, nahm Iason sie auf und unterstützte sie mit seiner Hilfe. Sie aber führten Iason nach Kolchis auf dem Flusse Thermodon. Und als sie bereits nicht fern waren von Kolchis, gaben sie Anweisung, daß das Schiff an einem verborgenen Orte angelandet werde, und kamen zu ihrer Mutter Chalkiope, Medeias Schwes-

filiis suis ad Iasonem. quae cum eum vidisset, agnovit quem in somniis adamaverat Iunonis impulsu. omniaque ei pollicetur et perducunt eum ad templum.

AEETA

Aeetae Solis filio erat responsum, tamdiu eum regnum habiturum quamdiu ea pellis quam Phrixus consecraverat in fano Martis esset. Itaque Aeeta Iasoni hanc simultatem constituit: si vellet pellem inauratam auferre, tauros aeripedes qui flammas naribus spirabant iungeret adamanteo iugo et araret dentesque draconis ex galea sereret, ex quibus gens armatorum statim enasceretur et se mutuo interficeret. Iuno autem Iasonem ob id semper voluit servatum. quod cum ad flumen venisset volens hominum mentes tentare, anum se simulavit et rogavit ut se transferrent. cum ceteri qui transierant despexissent, ille transtulit eam: itaque cum sciret Iasonem sine Medeae consilio imperata perficere non posse, petit a Venere ut Medeae amorem iniceret. Iason a Medea Veneris impulsu amatus est. eius opera ab omni periculo liberatus est. nam cum tauris arasset et armati essent enati, Medeae monitu lapidem inter eos abiecit: illi inter se pugnantes alius alium interfecerunt. dracone autem venenis sopito pellem de fano sustulit in patriamque cum Medea est profectus.

ter, und offenbaren des Iason Wohltaten und weshalb er gekommen. Daraufhin kündet Chalkiope von Medeia und führt diese mit ihren Söhnen zu Iason. Als sie ihn erblickt hatte, erkannte sie [den], zu welchem sie in ihren Träumen durch Anregung der Hera sinnliche Liebe gefaßt hatte. Und sie versprach ihm alles, und sie führten ihn zum Tempel.

AIETES

Aietes, des Helios Sohn, hatte einen Orakelspruch erhalten, daß er so lange die Krone tragen werde, wie lange jenes Vließ, welches Phrixos geweiht, im Tempel des Ares sein werde. Daher bestimmte Aietes dem Iason folgende Aufgabe: Wenn er das güldene Vließ hinforttragen wolle, solle er die erzhufigen Stiere, welche Flammen ihren Nüstern zu enthauchen pflegten, unter unzerbrechliches Joch jochen und pflügen und eines Drachen Zähne aus ledernem Helme sähen, aus welchen ein gewappnet Geschlecht sogleich erwachsen und sich wechselseitig töten werde. Hera doch wollte Iason aus folgendem Grunde stets bewahrt wissen. Als sie nämlich an den Fluß gekommen in der Absicht, der Menschen Sinne zu erproben, nahm sie einer Greisin Gestalt an und bat, sie hinüberzutragen. Während die anderen aber, welche hinübergeschritten, sie verachtet hatten, trug jener sie hinüber. Daher, weil sie wußte, Iason könne ohne der Medeia Rat das Geheißene nicht vollenden, erbat sie von Aphrodite, daß sie Medeia Liebe einflöße. Iason doch wurde von Medeia infolge des Anreizes der Aphrodite geliebt. Mit ihrer Hilfe ward er von jedweder Gefahr befreit. Denn nachdem er mit den Stieren gepflügt hatte und Gewappnete erwachsen waren, warf er gemäß Medeias Bedeuten einen Stein unter sie: Jene fochten widereinander und fällten einer den anderen. Nachdem der Drache aber mit Giften war eingeschläfert worden, nahm er das Vließ aus dem Tempel und brach mit Medeia nach seinem Vaterlande auf.

ABSYRTUS

Aeeta ut resciit Medeam cum Iasone profugisse, nave comparata misit Absyrtum filium cum satellitibus armatis ad eam persequendam. Qui cum in Adriatico mari in Histria eam persecutus esset ad Alcinoum regem et vellent armis contendere, Alcinous se inter eos interposuit ne bellarent. quem iudicem sumpserunt. qui eos in posterum distulit. Qui cum tristior esset et interrogatus esset a coniuge Arete, quae causa esset tristitiae, dixit se iudicem sumptum a duabus diversis civitatibus inter Colchos et Argivos. Quem cum interrogaret Arete quidnam esset iudicaturus, respondit Alcinous: si virgo fuerit Medea parenti redditurum, sin autem mulier coniugi. Hoc cum audivit Arete a coniuge mittit nuncium ad Iasonem et is Medeam noctu in antro devirginavit. Postero autem die cum ad iudicium venissent et Medea mulier esset inventa coniugi est tradita. Nihilominus cum profecti essent, Absyrtus timens patris praecepta persecutus est eos in insulam Minervae. Ibi cum sacrificaret Minervae Iason et Absyrtus intervenisset ab Iasone est interfectus. cuius corpus Medea sepulturae dedit, atque inde profecti sunt. Colchi qui cum Absyrto venerant timentes Aeetam illic remanserunt oppidumque condiderunt quod ab Absyrti nomine Absorin appellarunt. Haec autem insula posita est in Histria contra Polam iuncta insulae Cantae.

APSYRTOS

Sobald Aietes in Erfahrung gebracht hatte, daß Medeia mit Iason geflohen sei, ließ er ein Schiff bereiten und sandte seinen Sohn Apsyrtos mit gewappneten Begleitern zu jener Verfolgung. Als dieser sie im Adriatischen Meere in Istrien zu König Alkinoos verfolgt hatte und sie mit Waffen fechten wollten, stellte Alkinoos sich zwischen sie, damit sie nicht kriegen. Diesen erkoren sie zum Schiedsrichter. Er doch vertröstete sie auf den folgenden Tag. Als er ziemlich betrübt war und von seiner Gattin Arete gefragt wurde, welcher seiner Betrübnis Grund sei, sagte er, daß er zum Schiedsrichter erkieset worden sei von zwei widerstreitenden Völkerschaften, zwischen den Kolchiern und Argivern. Da seine Gattin Arete ihn fragte, was er denn entscheiden werde, antwortete Alkinoos: Wenn Medeia eine Jungfrau sei, werde er sie ihrem Vater zurückgeben, wenn aber eine Frau, dem Gatten. Sobald Arete dies vernommen hatte von ihrem Gemahle, sendet sie Kunde zu Iason, und dieser des Nachts in einer Höhle beraubte Medeia ihrer Jungfernschaft. Am folgenden Tage doch, nachdem sie zum Gerichte gekommen waren und Medeia eine Frau erfunden, ward sie dem Gatten übergeben. Nichtsdestominder, als sie aufgebrochen waren, verfolgte sie Apsyrtos, fürchtend des Vaters Vorschriften, nach der Athene Eiland. Als Iason dort der Athene opferte und Apsyrtos dazwischengekommen war, wurde er von Iason getötet. Medeia beerdigte seinen Leichnam, und hierauf entschifften sie. Die Kolchier aber, welche mit Apsyrtos gekommen waren, blieben, weil sie Aietes fürchteten, dort zurück und gründeten eine Stadt, welche sie nach des Apsyrtos Namen Apsoris nannten. Dies Eiland aber liegt in Istrien gegenüber von Pola, der Insel Kanta verbunden.

IASON ET PELIAE FILIAE

Iason cum Peliae patrui sui iussu tot pericula adisset, cogitare coepit, quomodo eum sine suspicione interficeret. Hoc Medea se facturam pollicetur. Itaque cum iam longe a Colchis essent, navem iussit in occulto collocari et ipsa ad Peliae filias pro sacerdote Dianae venit; eis pollicetur se patrem earum Pelian ex sene iuvenem facturam, idque Alcestis maior filia negavit fieri posse. Medea quo facilius eam perduceret ad suam voluntatem, caliginem eis obiecit et ex venenis multa miracula fecit, quae veri similia esse viderentur, arietemque vetulum in aeneum coniecit, unde agnus pulcherrimus prosiluisse visus est. Eodemque modo inde Peliades, id est Alcestis Pelopia Medusa Pisidice Hippothoe, Medeae impulsu patrem suum occisum in aeneo coxerunt. Cum se deceptas esse viderent, a patria profugerunt. At Iason signo a Medea accepto regia est potitus Acastoque Peliae filio fratri Peliadum, quod secum Colchos ierat, regnum paternum tradidit; ipse cum Medea Corinthum profectus est.

MEDEA

Aeetae Medea et Idyiae filia cum ex Iasone iam filios Mermerum et Pheretem procreasset summaque concordia viverent, obiciebatur ei

IASON UND DES PELIAS TÖCHTER

Nachdem sich Iason auf Geheiß seines Oheims Pelias in so viele Gefahren gestürzt hatte, begann er nachzusinnen, wie er ihn, ohne Verdacht zu erregen, morden könne. Medeia doch versprach, sie werde das erledigen. Als sie schon weit von Kolchis entfernt waren, gebot sie daher, das Schiff an verborgenem Orte zu landen, und begab sich selbst als Priesterin der Artemis zu den Töchtern des Pelias. Sie versprach ihnen, sie werde ihren Vater Pelias aus einem Greis in einen Jüngling verwandeln. Alkestis aber, die ältere (d.h. älteste) Tochter, leugnete, daß dies geschehen könne. Damit sie diese desto leichter für ihre Absicht gewinne, hüllte sie jene in Nebel und wirkte aus Zaubermitteln viele Wundererscheinungen, welche Wirklichem gleich schienen, und stürzte einen ältlichen Widder in einen ehernen Kessel, woraus ein strahlend schönes Lamm hervorzuspringen schien. Von Medeia angestiftet, töteten daher die Peliaden, das sind Alkestis, Pelopeia, Medusa, Peisidike und Hippothoe, ihren Vater und kochten ihn auf dieselbe Weise in dem ehernen Kessel. Als sie sich jedoch getäuscht sahen, flohen sie aus ihrem Vaterlande. Nachdem Iason aber ein Zeichen von Medeia erhalten hatte, bemächtigte er sich des Palastes und übergab Akastos, dem Sohne des Pelias, dem Bruder der Peliaden, den väterlichen Thron, weil er mit ihm zu den Kolchern gegangen war. Er selbst brach mit Medeia nach Korinth auf.

MEDEIA

Obschon Medeia, des Aietes und der Eidyia Tochter, von Iason bereits ihre Söhne Mermeros und Pheres geboren hatte und sie in höchster Eintracht lebten, ward ihm stets

hominem tam fortem ac formosum ac nobilem uxorem advenam atque veneficam habere. Huic Creon Menoeci filius rex Corinthius filiam suam minorem Glaucen dedit uxorem. Medea cum vidit se erga Iasonem bene merentem tanta contumelia esse affectam, coronam ex venenis fecit auream eamque muneri filios suos iussit novercae dare. Creusa munere accepto cum Iasone et Creonte conflagravit. Medea ubi regiam ardere vidit, natos suos ex Iasone Mermerum et Pheretem interfecit et profugit a Corintho.

MEDEA EXUL

Medea Corintho exul Athenas ad Aegeum Pandionis filium devenit in hospitium eique nupsit; ex eo natus est Medus. Postea sacerdos Dianae Medeam exagitare coepit regique negabat sacra caste facere posse eo, quod in ea civitate esset mulier venefica et scelerata. Tunc iterum exulatur. Medea autem iunctis draconibus ab Athenis Colchos redit; quae in itinere Absoridem venit, ubi frater Abysrtus sepultus erat. Ibi Absoritani serpentium multitudini resistere non poterant; Medea autem ab eis rogata lectas eas in tumulum fratris coniecit, quae adhuc ibi permanentes, si qua autem extra tumulum exit, debitum naturae persolvit.

vorgeworfen, daß ein Mensch, so tapfer und wohlgestaltet und edel, eine Fremde und Giftmischerin zur Frau habe. So gab ihm Kreon, des Menoikeus Sohn, der Korinther König, seine jüngere Tochter Glauke zur Frau. Als Medeia sah, daß sie, die sich um Iason wohl verdient gemacht hatte, so arge Schmach erfahren habe, schuf sie eine güldene Krone aus Zaubermitteln und befahl ihren Söhnen, diese ihrer Stiefmutter zum Geschenke zu geben. Nachdem Kreusa[26] das Geschenk empfangen hatte, entflammte sie zusammen mit Iason und Kreon. Sobald aber Medeia den Palast brennen sah, tötete sie Mermeros und Pheres, ihre Kinder von Iason, und floh aus Korinth.

MEDEA HEIMATLOS

Aus Korinth kam Medeia als Heimatlose nach Athen in das gastliche Haus des Aigeus, des Pandion Sohn, und heiratete ihn. Dieser Verbindung entsprang Medos. Später aber begann die Priesterin der Artemis, Medeia leidenschaftlich anzugreifen, und sagte zum König, sie könne deshalb nicht fromm und rein opfern, weil in diesem Gemeinwesen eine Gift mischende und durch Frevel befleckte Frau sei. Da ward sie wiederum landesflüchtig. Medeia doch kehrte mit geschirrten Drachen von Athen nach Kolchis zurück. Auf ihrem Wege kam sie nach Apsoris, wo ihr Bruder Apsyrtos begraben war. Dort vermochten sich die Bewohner von Apsoris einer Schlangenplage nicht zu erwehren. Auf deren Bitten hin sammelte Medeia diese ein und warf sie in den Grabhügel ihres Bruders, wo sie bis zum heutigen Tage verblieben. Wenn aber irgendeine aus dem Grabmale hervorkreucht, erweist sie der Natur das Geschuldete[27].

MEDUS

Persi Solis filio fratri Aeetae responsum fuit ab Aeetae progenie mortem caveret. Ad quem Medus Aegei et Medeae filius dum matrem persequitur tempestate est delatus. quem satellites comprehensum ad regem Persen perduxerunt. Medus ut vidit se in inimici potestatem venisse Hippoten Creontis filium se esse mentitus est. rex diligentius quaerit et in custodiam eum conici iussit. Tum ibi sterilitas et penuria frugum dicitur fuisse. Quo Medea in curru iunctis draconibus cum venisset et regi se sacerdotem Dianae ementita esset, dixit sterilitatem se expiare posse: et cum a rege audisset Hippoten Creontis filium in custodia haberi arbitrans eum patris iniuriam exequi venisse imprudens filium prodidit. Nam regi persuadet eum Hippotes non esse sed Medum Aegei filium a matre missum ut regem interficeret, petitque ab eo ut interficiendus sibi traderetur, existimans Hippoten esse. Itaque Medus cum productus esset ut mendacium morte puniret, ut illa aliter esse vidit quam putavit, dixit se cum eo colloqui velle atque ensem ei tradidit iussitque avi sui iniurias exequi. Medus re audita Persen interfecit regnumque avitum possedit. ex suo nomine terram Mediam cognominavit.

MEDOS

Perses, des Helios Sohn, des Aietes Bruder, hatte einen Orakelspruch erhalten, er solle sich vor dem Tode durch die Hand eines Nachfahren des Aietes hüten. Zu ihm ward Medos, des Aigeus und der Medeia Sohn, während er der Mutter nachfolgte, durch einen Sturm verschlagen. Den ergriffen die Trabanten und führten ihn zu König Perses. Sobald Medos aber erkannt hatte, daß er in die Gewalt des Feindes gekommen war, sagte er fälschlich aus, er sei Hippotes, des Kreon Sohn. Der König doch forscht sorgfältiger nach und befahl, daß er in Haft genommen werde. Damals soll dort Mißwachs und Mangel der Feldfrucht geherrscht haben. Nachdem aber Medeia auf drachengeschirrtem Wagen dorthin gekommen war und dem Könige fälschlich vorgegeben hatte, eine Priesterin der Artemis zu sein, sagte sie, sie könne den Mißwachs sühnen. Und als sie von dem Könige vernommen hatte, Hippotes, des Kreon Sohn, werde in Haft gehalten, verriet sie, wähnend, dieser sei gekommen, das Unrecht wider seinen Vater zu rächen, nichts ahnend ihren Sohn. Denn sie überzeugte den König, dieser sei nicht Hippotes, sondern Medos, des Aigeus Sohn, von der Mutter gesandt, den König zu töten, und erbat von ihm, daß er zum Morde ihr übergeben werde, meinend, es sei Hippotes. Als daher Medos vorgeführt worden war, auf daß sie seine Lüge mit dem Tode bestrafe, sagte jene, sobald sie gesehen, anders sei's, denn sie geglaubt, sie wolle mit ihm sich unterrreden, und gab ihm ein Schwert und hieß ihn, die Unrechtstaten wider seinen Großvater zu rächen. Medos aber, nachdem er den Sachverhalt vernommen, tötete Perses und nahm den großväterlichen Thron in Besitz. Nach seinem Namen benannte er das Land mit dem besonderen Namen Medien.

OTOS ET EPHIALTES

Otos et Ephialtes Aloei et Iphimedes Neptuni filiae filii mira magnitudine dicuntur fuisse. hi singuli singulis mensibus novem digitis crescebant. itaque cum essent annorum novem in coelum ascendere sunt conati. qui aditum sibi ita faciebant: montem enim Ossam super Pelion posuerunt, unde etiam Pelion Ossa mons appellatur, aliosque montes construebant. qui ab Apolline nacti sunt interfecti. Alii autem auctores dicunt Neptuni et Iphimedes filios fuisse atrotos. – Hi cum Dianam comprimere voluissent quae cum non posset viribus eorum obsistere, Apollo inter eos cervam misit, quam illi furore incensi dum volunt iaculis interficere alius alium interfecerunt. Qui ad inferos dicuntur hanc poenam pati: ad columnam, aversi alter ab altero, serpentibus sunt deligati. est strix inter eos in columna sedens ad quam sunt deligati.

AESCULAPIUS

Aesculapius Apollinis filius Glauco Minois filio vitam reddidisse sive Hippolyto dicitur, quem Iuppiter ob id fulmine percussit. Apollo quod Iovi nocere non potuit, eos, qui fulmina fecerunt, id est Cyclopes, interfecit; quod ob factum Apollo datus est in servitutem Admeto regi Thessaliae.

OTOS UND EPHIALTES

Otos und Ephialtes, des Aloeus und der Iphimedeia, des Poseidon Tochter, Söhne, sollen von wunderlicher Größe gewesen sein. Diese, jeder einzelne in jedem einzelnen Monate, wuchsen um neun Finger (Zoll). Da sie also neun Jahre alt waren, versuchten sie, in den Himmel emporzusteigen. Sie unternahmen, sich auf folgende Weise Zugang zu schaffen: Den Berg Ossa nämlich setzten sie auf den Pelion, woher auch der Ossa Pelion genannt wird, und schichteten [zudem] andere Berge auf. Sie wurden von Apollon erwischt und getötet. Andere Autoren doch sagen, sie seien des Poseidon und der Iphimedeia unverwundbare Söhne gewesen. – Als diese der Artemis hatten Gewalt antun wollen und sie derer Kräften nicht widerstehen konnte, sandte Apollon eine Hindin zwischen sie; während jene, von rasender Begierde entflammt, sie mit ihren Wurfspießen erlegen wollten, töteten sie einer den anderen. Man sagt aber, sie leiden in der Unterwelt folgende Strafe: An eine Säule, abgewandt einer vom anderen, sind mit Schlangen sie gebunden. Zwischen ihnen befindet sich eine Ohreule, welche auf der Säule sitzt, an die sie gefesselt sind.

ASKLEPIOS

Asklepios, des Apollon Sohn, soll Glaukos, einem Sohne des Minos, oder auch dem Hippolytos das Leben zurückgegeben haben. Deshalb durchbohrte Zeus ihn mit seinem Blitze. Weil aber Apollon dem Zeus nicht schaden konnte, tötete er jene, welche die Blitze geschaffen, also die Kyklopen. Dieser Tat wegen ward Apollon Admetos, dem Könige Thessaliens, in Knechtschaft gegeben.

ADMETUS

Alcestim Peliae filiam cum complures in coniugium peterent et Pelias cum multos eorum repudiaret, simultatem his constituit ei se daturum qui feras bestias ad currum iunxisset, is quam vellet aveheret. Itaque Admetus ab Apolline petiit, ut se adiuvaret. Apollo cum ab eo esset liberaliter tractatus, cum in servitium fuit ei traditus, aprum et leonem ei iunctos tradidit, quibus ille Alcestim in coniugium avexit.

ALCESTIS

Alcestim Peliae et Anaxibies Biantis filiae filiam complures proci petebant in coniugium; Pelias vitans eorum condiciones repudiavit et simultatem constituit ei se daturum, qui feras bestias ad currum iunxisset et Alcestim in coniugium avexisset. Itaque Admetus ab Apolline petiit, ut se adiuvaret. Apollo autem, quod ab eo in servitutem liberaliter esset acceptus, aprum et leonem ei iunctos tradidit, quibus ille Alcestim avexit. Et illud ab Apolline accepit, ut pro se alius voluntarie moreretur. Pro quo cum neque pater neque mater mori voluisset, uxor se Alcestis obtulit et pro eo vicaria morte interiit; quam postea Hercules ab inferis revocavit.

ADMETOS

Weil Alkestis, des Pelias Tochter, ziemlich viele zur Frau begehrten und Pelias viele dieser ablehnte, beschloß er ihnen einen Wettstreit [und verkündete], daß er demjenigen sie geben werde, welcher wilde Tiere an einen Wagen schirre; der solle, welche er wolle, wegführen. Daher erbat Admetos von Apollon, daß er ihn unterstütze. Apollon aber, weil er von ihm war anständig behandelt worden, da er in Knechtsdienst ihm war übergeben, übergab ihm Eber und Löwe geschirrt, welcher vermittelst jener Alkestis in die Ehe wegführte.

ALKESTIS

Alkestis, Tochter des Pelias und der Anaxibia, des Bias Tochter, erbaten sich ziemlich viele Freier zur Gattin. Pelias wies ausweichend derer Anträge zurück und beschloß einen Wettstreit [und verkündete], er wolle sie jenem zur Frau geben, welcher wilde Tiere werde vor einen Wagen gespannt und Alkestis als Gattin weggeführt haben. Daher bat Admetos den Apollon, daß er ihm helfe. Apollon aber, weil er von jenem freundlich in Knechtsdienst genommen worden sei, schirrte Eber und Löwen und übergab sie ihm, welcher vermittelst jener Alkestis wegführte. Auch jenes erhielt er von Apollon, daß ein anderer für ihn freiwillig sterben könne. Als weder Vater noch Mutter für ihn hatten sterben wollen, gab seine Gattin Alkestis sich preis und starb stellvertretend für ihn. Herakles holte sie später aus der Unterwelt zurück.[28]

AEGINA

Iupiter cum Aeginam Asopi filiam vellet comprimere et Iunonem vereretur detulit eam in insulam Oenonen et gravidam fecit, unde natus est Aeacus. Hoc Iuno cum rescisset serpentem in aquam misit quae eam venenavit. ex qua qui biberat debitum naturae solvebat. Quod cum amissis sociis Aeacus prae paucitate hominum morari non posset, formicas intuens petiit ab Iove, ut tot homines in praesidio sibi daret. tunc Iupiter formicas in homines transfiguravit qui Myrmidones sunt appellati, quod graece fomicae myrmeces dicuntur; insula autem Aeginae nomen possedit.

ASTERIE

Iovis cum Asterien Titanis filiam amaret, illa eum contempsit a quo in avem ortygem commutata est, quam nos coturnicem dicimus. eamque in mare abiecit et ex ea insula est enata, quae Ortygia est appellata. Haec mobilis fuit: quo postea Latona ab Aquilone vento delata est iussu Iovis tunc, cum eam Python persequeretur; ibique oleam tenens Latona peperit Apollinem et Dianam. quae insula postea Delos est appellata.

THETIS

Thetidi Nereidi fatum fuit, qui ex ea natus esset fortiorem fore quam patrem. Hoc praeter Pro-

AIGINA

Weil Zeus der Aigina, des Asopos Tochter, Gewalt antun wollte und Hera fürchtete, verbrachte er jene nach der Insel Oinone und wohnte ihr bei, woraus Aiakos hervorging. Als Hera dies in Erfahrung gebracht hatte, sandte sie eine Schlange ins Wasser, welche jenes vergiftete. Welcher aus jenem trank, zollte der Natur den Tribut. Weil Aiakos nach dem Verluste seiner Gefährten der Menschen Wenigkeit wegen nicht verweilen konnte, erbat er von Zeus, während er Ameisen betrachtete, daß er so viele Männer zum Schutze ihm gebe. Daraufhin verwandelte Zeus die Ameisen in Männer, welche Myrmidonen genannt wurden, da zu Griechisch die Ameisen Myrmekes genannt werden; die Insel doch trägt den Namen Aigina.

ASTERIA

Obgleich Zeus Asteria, des Titanen [Koios] Tochter, liebte, verschmähte sie ihn, weshalb sie in den Vogel Ortyx verwandelt ward, welchen wir Wachtel nennen. Und er stürzte sie ins Meer hinab, und es entstund aus ihr eine Insel, welche Ortygia genannt wurde. Diese war beweglich. Dorthin wurde später Leto von dem Winde Boreas verschlagen auf des Zeus Geheiß, als sie der Python verfolgte; und dort gebar Leto, sich an einem Ölbaume festhaltend, Apollon und Artemis. Diese Insel wurde später Delos genannt.

THETIS

Der Nereide Thetis war beschieden, daß, der aus ihr hervorgehe, stärker sein werde denn sein Vater. Weil dies außer

metheum cum sciret nemo et Iovis vellet cum ea concumbere, Prometheus Iovi pollicetur se eum praemoniturum, si se vinculis liberasset. Itaque fide data monet Iovem, ne cum Thetide concumberet, ne si fortior nasceretur Iovem de regno deiceret, quemadmodum et ipse Saturno fecerat. Itaque datur Thetis in coniungium Peleo Aeaci filio, et mittur Hercules, ut aquilam interficiat, quae eius cor exedebat; eaque interfecta Prometheus post triginta milia annos de monte Caucaso est solutus.

TITYUS

Latona quod cum Iove concubuerat, Iuno Tityo Terrae filio immani magnitudine iusserat, ut Latonae vim afferret. qui cum conatus esset a Iove fulmine est interfectus. Qui novem iugeribus ad inferos exporrectus iacere dicitur, et serpens ei appositus est, qui iecur eius exesset, quod cum luna recrescit.

BUSIRIS

In Aegypto apud Busiridem Neptuni filium cum esset sterilitas et Aegyptus annis novem siccitate exaruisset, ex Graecia augures convocavit. Phrasius Pygmalionis fratris filius Busiridi monstravit, immolato hospite venturos imbres, promissisque fidem ipse immolatus exhibuit.

Prometheus niemand wußte und Zeus mit jener das Lager teilen wollte, verspricht Prometheus dem Zeus, daß er ihm weissagen werde, wenn er ihn von seinen Fesseln befreie. Auf gegeben Treuwort aber warnt er Zeus, er solle Thetis nicht beiwohnen, auf daß nicht, wenn ein Stärkerer geboren werde, dieser Zeus vom Throne stürze, wie auch er selbst dem Kronos getan. Daher wird Thetis dem Peleus, des Aiakos Sohn, zu Gemahl gegeben und Herakles gesandt, daß er den Adler töte, welcher jenes Herz herauszufressen pflegte; und als dieser getötet war, wurde Prometheus nach dreißigtausend Jahren vom Gebirge Kaukasos gelöst.

TITYOS

Weil Leto mit Zeus das Lager geteilt, befahl Hera dem Tityos, der Gaia Sohn von ungeheuerlicher Größe, Leto Gewalt anzutun. Als dieser das unternommen hatte, ward er von Zeus mit dem Blitz erschlagen. Dieser soll neun Joche[29] hingestreckt in der Unterwelt liegen, und eine Schlange ist ihm beigegeben, die seine Leber herausfrißt, welche mit dem Monde nachwächst.

BUSIRIS

Als in Ägypten zur Zeit des Busiris, des Poseidon Sohn, Unfruchtbarkeit der Scholle herrschte und Ägypten neun Jahre lang durch Dürre Trockenheit gelitten hatte, rief er aus Griechenland Weissager herbei. Phrasios, des Pygmalion Neffe, bedeutete dem Busiris, daß nach eines Fremdlings Opferung Regengüsse kommen werden, und verwirklichte, selbst geopfert, das Wort.

STHENEBOEA

Bellerophon cum ad Proetum regem exul in hospitium venisset adamatus est ab uxore eius Stheneboea. qui cum concumbere cum ea noluisset, illa viro suo mentita est se ab eo compellatam. At Proetus re audita conscripsit tabellas de ea re et mittit eum ad Iobaten regem patrem Stheneboeae. quibus lectis talem virum interficere noluit sed ad Chimaeram interficiendum misit, quae tripartio ore flammam spirare dicebatur. hanc super Pegasum sedens interfecit et decidesse dicitur in campos Aleios, unde etiam coxas eiecisse dicitur. at rex virtutes eius laudans alteram filiam dedit ei in matrimonium. Stheneboea re audita ipsa se interfecit.

SMYRNA

Smyrna Cinyrae Assyriorum regis et Cenchreidis filia. cuius mater Cenchreis superbius locuta quod filiae suae formam Veneri anteposuerat, Venus matris poenas exequens Smyrnae infandum amorem obiecit adeo ut patrem suum amaret. quae ne suspendio se necaret, nutrix intervenit. et patre nesciente per nutricem cum eo concubit, ex quo concepit, idque ne palam fieret pudore stimulata in silvis se abdit. cuius Venus postea miserta est et in speciem arboris eam commutavit, unde

STHENEBOIA

Als Bellerophon ein Heimatloser zu König Proitos in gastliches Haus gekommen war, verliebte sich dessen Gattin Stheneboia in ihn. Da er aber nicht mit ihr das Lager hatte teilen wollen, log jene ihrem Gatten vor, ihr seien von ihm unehrbare Anträge gemacht worden. Doch Proitos, nachdem er den Sachverhalt vernommen, schreibt einen Brief über diese Angelegenheit und sendet ihn (Bellerophon) zu König Iobates, der Stheneboia Vater. Nach dessen Lektüre wollte er einen so beschaffenen Mann nicht töten, sondern sandte ihn, die Chimaira zu töten, von der man sagte, sie hauche Feuerbrand aus dreifachem Maule. Diese tötete er, auf dem Pegasos sitzend, und man sagt, er sei herabgestürzt auf die Aleischen Felder (Irrgefilde), wodurch auch seine Hüften sollen ausgerenkt worden sein. Doch der König lobte seine Tugenden und gab ihm seine zweite Tochter (Philonoe) zu Gemahle. Da aber Stheneboia den Sachverhalt vernommen, tötete sie sich selbst.

SMYRNA

Smyrna war des Kinyras, des Königes der Assyrer, und der Kenchreis Tochter. Weil deren Mutter Kenchreis recht hochmütig gesagt hatte, daß sie ihrer Tochter Schöne der Aphrodite vorziehe, schlug Aphrodite, an der Mutter Rache suchend, Smyrna mit unnatürlicher Liebe so sehr, daß sie sich in ihren Vater verliebte. Ihre Amme verhinderte, daß sie sich durch Erhängen töte. Und ohne des Vaters Wissen wohnte sie mit der Amme Hilfe jenem bei und wurde von ihm schwanger, und daß dies nicht bekannt werde, verbarg sie sich, von Scham gestachelt, in den Wäldern. Später doch erbarmte sich ihrer Aphrodite und verwandelte sie in jenes Baumes Gestalt, woraus Myrrhe

myrrha fluit. ex qua natus est Adonis, qui matris poenas a Venere est insecutus.

PHYLLIS

Demophoon Thesei filius in Thraciam ad Phyllidem in hospitium dicitur venisse et ab ea esse amatus. Qui cum in patriam vellet redire fidem ei dedit se ad eam rediturum. qui die constituta cum non venisset, illa eo die dicitur novies ad litus cucurrisse quod ex eo ἐννέα ὁδοὶ Graece appellatur. Phyllis autem ob desiderium Demophoontis spiritum emisit. cui parentes cum sepulcrum constituissent, arbores ibi sunt natae, quae certo tempore Phyllidis mortem lugent, quo folia arescunt et diffluunt. cuius ex nomine folia graece φύλλα sunt appellata.

SISYPHUS ET SALMONEUS

Sisyphus et Salmoneus Aeoli filii inter se inimice fuere. Sisyphus petiit ab Apolline quomodo posset interficere inimicum id est fratrem. cui responsum fuit, si ex compressu Tyronis Salmonei fratris filiae procreasset liberos, fore ultores. quod cum Sisyphus fecisset, duo sunt filii nati, quos Tyro mater eorum sorte audita necavit. at Sisyphus ut resciit ** qui nunc dicitur saxum propter impietatem adversus montem ad inferos cervicibus volvere: quod cum ad summum verticem perduxerit, rursum deorsum post se revolvatur.

erfleußt. Aus ihr doch ward Adonis geboren, welcher der Mutter Strafen an Aphrodite zu rächen suchte.

PHYLLIS

Demophon, des Theseus Sohn, soll nach Thrakien zu Phyllis in gastlich Haus gekommen und von ihr geliebt worden sein. Da er aber in sein Vaterland zurückkehren wollte, gab er ihr sein Treuwort, daß er zu ihr zurückkommen werde. Als er am bestimmten Tage nicht kam, soll jene an diesem Tage neun Male zum Strand gelaufen sein, welcher daher in griechischer Sprache Neun Wege genannt wird. Phyllis aber hauchte ob ihrer Sehnsucht nach Demophon ihren Geist aus. Nachdem ihre Eltern ihr ein Grabmahl errichtet hatten, erwuchsen dort Bäume, welche zu bestimmter Zeit der Phyllis Tod betrauern, da ihre Blätter vertrocknen und zerstieben. Nach jener Namen heißen Blätter in griechischer Sprache φύλλα.

SISYPHOS UND SALMONEUS

Sisyphos und Salmoneus, des Aiolos Söhne, waren einander feind. Sisyphos erbat daher von Apollon [Bescheid], wie er töten könne seinen Feind, das heißt: seinen Bruder. Es ward ihm geantwortet, wenn er mit Tyro, seines Bruders Salmoneus Tochter, Kinder werde gezeugt haben, werden sie Rächer sein. Nachdem Sisyphos dies getan hatte, wurden zwei Söhne geboren, welche ihre Mutter Tyro, da sie das Los vernommen, tötete. Doch Sisyphos, sobald er dies in Erfahrung gebracht […]. Seiner Gottlosigkeit ob, soll dieser in der Unterwelt nun einen Felsen mit dem Nacken wider einen Berg wälzen: Wann immer er diesen nach dem höchsten Scheitel geführt, rolle er hinter ihm wieder abwärts zurück.

SALMONEUS

Salmoneus Aeoli filius Sisyphi frater cum tonitrua et fulmina imitaretur Iovis, sedens quadrigam faces ardentes in populum mitteret et cives, ob id a Iove fulmine est ictus.

IXION

Ixion Leontei filius conatus est Iunonem comprimere. Iuno Iovis iussu nubem supposuit. quam Ixion Iunonis simulacrum esse credidit. ex ea nati sunt centauri. at Mercurius Iovis iussu Ixionem ad inferos in rota constrinxit quae ibi adhuc dicitur verti.

DANAE

Danae Acrisii et Aganippes filia. Huic fuit fatum, ut, quod peperisset Acrisium interficeret; quod timens Acrisius, eam in muro lapideo praeclusit. Iovis autem in imbrem aureum conversus cum Danae concubuit, ex quo compressu natus est Perseus. Quam pater ob stuprum inclusam in arca cum Perseo in mare deiecit. Ea voluntate Iovis delata est in insulam Seriphum, quam piscator Dictys cum invenisset, effracta ea vidit mulierem cum infante, quos ad regem Polydectem perduxit, qui eam in coniugio habuit et Perseum educavit in templo Minervae. Quod cum Acrisius rescisset eos ad Polydectem mora-

SALMONEUS

Als Salmoneus, des Aiolos Sohn, des Sisyphos Bruder, Donner und Blitze des Zeus nachahmte und, auf einer Quadriga sitzend, brennende Fackeln unter das Volk und die Bürger schleuderte, ward er deshalb von Zeus mit dem Blitz erschlagen.

IXION

Ixion, des Leonteus Sohn, versuchte, Hera Gewalt anzutun. Hera doch legte ihm auf des Zeus Geheiß eine Wolke unter. Ixion aber hielt diese für das Bild der Hera. Aus ihr (Nephele[30]) gingen die Kentauren hervor. Doch Hermes auf des Zeus Geheiß band Ixion in der Unterwelt auf ein Rad, welches dort sich bis zum heutigen Tage drehen soll.

DANAE

Danae war des Akrisios und der Aganippe[31] Tochter. Dieser war verheißen, daß der Sproß, den sie gebären werde, Akrisios töten werde; weil Akrisios sich davor fürchtete, schloß er sie hinter steinernem Mauerwerk ein. Zeus jedoch, in güldenen Regen verwandelt, wohnte Danae bei und zeugte Perseus. Ihr Vater aber sperrte sie der Schande wegen mit Perseus in eine Kiste und warf sie ins Meer hinab. Diese wurde nach dem Willen des Zeus auf die Insel Seriphos getragen. Nachdem der Fischer Diktys[32] sie gefunden hatte, erbrach er sie und sah die Frau mit dem Säugling. Er führte sie zu König Polydektes[33], welcher Danae heiratete und Perseus im Tempel der Athene erziehen ließ. Da Akrisios erfahren hatte, daß sie bei Polydektes weilen,

ri, repetitum eos profectus est; quo cum venisset, Polydectes pro eis deprecatus est, Perseus Acrisio avo suo fidem dedit se eum numquam interfecturum. Qui cum tempestate retineretur, Polydectes moritur; cui cum funebres ludos facerent, Perseus disco misso, quem ventus distulit in caput Acrisii, eum interfecit. Ita quod voluntate sua noluit, deorum factum est; sepulto autem eo Argos profectus est regnaque avita possedit.

ANDROMEDA

Cassiope filiae suae Andromedae formam Nereidibus anteposuit. Ob id Neptunus expostulavit, ut Andromeda Cephei filia ceto obiceretur. Quae cum esset obiecta, Perseus Mercurii talaribus volans eo dicitur venisse et eam liberasse a periculo; quam cum abducere vellet, Cepheus pater cum Agenore, cuius sponsa fuit, Perseum clam interficere voluerunt. Ille cognita re caput Gorgonis eis ostendit omnesque ab humana specie sunt informati in saxum. Perseus cum Andromeda in patriam redit. Polydectes ut vidit Perseum tantam virtutem habere, pertimuit eumque per dolum interficere voluit; qua re cognita Perseus caput Gorgonis ei ostendit et is ab humana specie est immutatus in lapidem.

brach er auf, sie zurückzufordern; als er dorthin gekommen war, bat Polydektes für sie um Schonung, Perseus aber gab seinem Großvater Akrisios das Versprechen, daß er ihn niemals töten werde. Während der jedoch von einem Unwetter festgehalten wurde, starb Polydektes; gelegentlich der Spiele, die man ihm anläßlich seiner Bestattung gab, entsandte Perseus den Diskos, welchen der Wind gegen das Haupt des Akrisios vertrug, und tötete diesen. So geschah, was er nach eigenem Willen nicht gewollt, nach jenem der Götter; da er ihn aber zu Grabe getragen hatte, brach er nach Argos auf und bestieg den großväterlichen Thron.

ANDROMEDA

Kassiopeia stellte ihrer Tochter Andromeda Schönheit den Nereiden[34] voran.[35] Deshalb forderte Poseidon mit Nachdruck, daß Andromeda, des Kepheus[36] Tochter, dem Walfisch[37] vorgeworfen werde. Nachdem man sie preisgegeben hatte, sei, so sagt man, Perseus, auf des Hermes Flügelschuhen einhergleitend, dorthin gekommen und habe sie aus der Gefahr befreit; als er sie aber wegführen wollte, suchten Kepheus, ihr Vater, und Agenor[38], dessen Verlobte sie war, den Perseus heimlich zu ermorden. Jener doch, da er die Sache erfahren hatte, reckte ihnen das Haupt der Gorgo entgegen, und aller menschliche Gestalt wurde in felsigen Stein verwandelt. Perseus kehrte mit Andromeda in sein Vaterland zurück. Sobald Polydektes sah, daß Perseus so übermenschliche Kraft besitze, geriet er in große Furcht und trachtete, ihn vermittelst einer List zu töten; als Perseus diese Sache erfahren hatte, reckte er ihm der Gorgo Haupt entgegen, und so wurde auch er von einem Menschen in einen Stein verwandelt.

ALCYONE

Ceyx Hesperi sive Luciferi et Philonidis filius cum in naufragio periiset Alcyone Aeoli et Aegiales filia uxor eius propter amorem ipsa se in mare praecipitavit. qui deorum misericordia ambo in aves sunt mutati, quae alcyones dicuntur. hae aves nidum ova pullos in mari ‚septem' diebus faciunt ‚hiberno tempore'. mare his diebus tranquillum est. quos dies nautae alcyonia appellant.

ALCIMENA

Amphitryon cum abesset ad expugnandam Oechaliam, Alcimena aestimans Iovem coniugem suum esse eum thalamis recepit. Qui cum in thalamos venisset et ei referret, quae in Oechalia gessisset, ea credens coniugem esse cum eo concubuit. Qui tam libens cum ea concubuit, ut unum diem usurparet, duas noctes congeminaret, ita ut Alcimena tam longam noctem ammiraretur. Postea cum nuntiaretur ei coniugem victorem adesse, minime curavit, quod iam putabat se coniugem suum vidisse. Qui cum Amphitryon in regiam intrasset et eam videret neglegentius securam, mirari coepit et queri quod se advenientem non excepisset; cui Alcimena respondit: „Iam pridem venisti et mecum concubuisti et mihi narrasti, quae in Oechalia gessisses." Quae cum signa omnia diceret, sensit Amphitryon numen aliquod fuisse pro se,

HALKYONE

Nachdem Keyx, des Hesperos oder Phosphoros und der Philonis Sohn, durch Schiffbruch zugrunde gegangen war, stürzte sich Halkyone, des Aiolos und der Aigiale Tochter, seine Gattin, aus Liebe selbst ins Meer hinab. Diese beiden doch verwandelte der Götter Mitleid in Vögel, welche Halkyonen (Eisvögel) genannt werden. Zu winterlicher Zeit innerhalb von sieben Tagen schaffen diese ein Nest auf dem Meere, legen Eier und brüten sie aus. Während dieser Tage ist ruhig das Meer. Die Schiffer nennen diese Tage Halkyonia (Eisvogeltage).

ALKMENE

Als Amphitryon abwesend war, um Oichalia zu erobern, lies Alkmene Zeus in ihr Schlafgemach ein, weil sie annahm, er sei ihr Gatte. Nachdem dieser in ihr Schlafgemach gekommen war und ihr berichtet hatte, was er in Oichalia getan habe, teilte sie das Lager mit ihm, da sie glaubte, er sei der Gatte. Er wohnte ihr so gerne bei, daß er einen Tag in Anspruch nahm, zwei Nächte verdoppelte, so daß Alkmene sich über eine so lange Nacht wunderte. Als ihr später berichtet ward, der Gatte sei siegreich zurück, kümmerte sie sich keineswegs darum, weil sie glaubte, ihren Gatten bereits geschaut zu haben. Als Amphitryon den Palast betreten hatte und sie auf recht gleichgültige Weise unbekümmert sah, begann er sich zu wundern und zu klagen, daß sie den Ankommenden nicht empfangen habe. Alkmene aber antwortete ihm: „Du bist doch schon längst gekommen und hast mir beigewohnt und mir erzählt, was du in Oichalia getan habest.“ Während sie alle Zeichen kundtat, merkte Amphitryon, daß

ex qua die cum ea non concubuit. Quae ex Iove compressa peperit Herculem.

HERCULIS ATHLA DUODECIM AB EURYSTHEO IMPERATA

Infans cum esset, dracones duos duabus manibus necavit, quos Iuno miserat, unde primigenius est dictus. Leonem Nemaeum, quem Luna nutrierat in antro amphistomo atrotum, necavit, cuius pellem pro tegumento habuit. Hydram Lernaeam Typhonis filiam cum capitibus novem ad fontem Lernaeum interfecit. Haec tantam vim veneni habuit, ut afflatu homines necaret, et si quis eam dormientem transierat, vestigia eius afflabat et maiori cruciatu moriebatur. Hanc Minerva monstrante interfecit et exinteravit et eius felle sagittas suas tinxit; itaque quicquid postea sagittis fixerat, mortem non effugiebat, unde postea et ipse periit in Phrygia. Aprum Erymanthium occidit. Cervum ferocem in Arcadia cum cornibus aureis vivum in conspectu Eurysthei regis adduxit. Aves Stymphalides in insula Martis, quae emissis pennis suis iaculabantur, sagittis interfecit. Augeae regis stercus bobile uno die purgavit, maiorem partem Iove adiutore; flumine ammisso totum stercus abluit. Taurum, cum quo Pasiphae concubuit, ex Creta insula Mycenis vivum adduxit. Diomedem Thraciae regem et equos quattuor eius, qui carne humana vescebantur, cum Abdero

irgendein göttlich Wesen an seiner Statt gewesen sei. Von diesem Tage an wohnte er ihr nicht [mehr] bei. Sie aber, welche Zeus umfangen hatte, gebar den Herakles.

DES HERAKLES ZWÖLF VON EURYSTHEUS GEBOTENE AUFGABEN

Als er ein Kind noch war, tötete er zwei Schlangen, welche Hera gesandt hatte, mit seinen beiden Händen, weshalb er Primigenius genannt ward. Er tötete den unverwundbaren Nemeischen Löwen, welchen Selene in einer Höhle mit zwei Eingängen genährt hatte, und bediente sich seines Felles als Rüstung. Die Lernaiische Hydra, des Typhon Tochter, welche neun Häupter trug, erlegte er bei dem lernaiischen Quell. Diese besaß eine so große Menge des Giftes, daß sie durch bloßen Anhauch Menschen tötete, und wenn jemand an ihr vorübergegangen war, während sie schlief, hauchte sie wider dessen Fußsohlen, und er starb unter ziemlich großen Qualen. Unter Anweisung der Athene tötete er sie und weidete sie aus und tauchte seine Pfeile in deren Galle. Was immer er daher mit seinen Pfeilen fürderhin traf, entrann dem Tode nicht, weswegen auch er selbst später in Phrygien zugrunde ging. Er streckte den Erymanthischen Eber nieder. Den wilden Hirschen in Arkadien mit güldenem Geweih führte er lebend vor des Königes Eurystheus Angesicht. Die Stymphalischen Vögel auf der Insel des Ares, welche ihre Federn wie Wurfspieße zu entschleudern pflegten, tötete er mit seinen Pfeilen. Des Königes Augeias Rinderstall reinigte er an einem einzigen Tage, den größeren Teil unter Mithilfe des Zeus. Indem er einen Fluß heranleitete, schwemmte er den gesamten Mist hinfort. Den Stier, mit welchem Pasiphae verkehrte, führte er lebend von der Insel Kreta nach

famulo interfecit; equorum autem nomina Podargus Lampon Xanthus Dinus. Hippolyten Amazonam, Martis et Otrerae reginae filiam, cui reginae Amazonis balteum detraxit; tum Antiopam captivam Theseo donavit. Geryonem Chrysaoris filium trimembrem uno telo interfecit. Draconem immanem Typhonis filium, qui mala aurea Hesperidum servare solitus erat, ad montem Atlantem interfecit, et Eurystheo regi mala attulit. Canem Cerberum Typhonis filium ab inferis regi in conspectum adduxit.

PARERGA EIUSDEM

Antaeum terrae filium in Libya occidit. Hic cogebat hospites secum luctari et delassatos interficiebat; hunc luctando necavit. Busiridem in Aegypto, qui hospites immolare solitus erat; huius legem cum audiit, passus est se cum infula ad aram adduci, Busiris autem cum vellet deos imprecari, Hercules eum clava ac ministros sacrorum interfecit. Cygnum Martis filium armis superatum occidit. Quo cum Mars venisset et armis propter filium contendere vellet cum eo, Iovis inter eos fulmen misit. Cetum, cui Hesione fuit apposita, Troiae occidit; Laomedontem patrem Hesiones, quod eam non reddebat, sagittis interfecit. Aethonem aquilam, quae Prometheo cor exedebat, sagittis interfecit. Lycum Neptuni filium,

Mykene. Diomedes, König zu Thrakien, und dessen vier Rosse, welche sich von menschlichem Fleische nährten, erlegte er zusammen mit seinem Diener Abderos. Der Rosse Namen aber waren Podargos, Lampon, Xanthos und Dinos. [Ebenso tötete er die] Amazone Hippolyte, des Ares und der Königin Otrere Tochter, welcher er den Gürtel der Amazonenkönigin entriß. Sodann schenkte er die gefangene Antiope dem Theseus. Den dreileibigen Geryones, des Chrysaor Sohn, tötete er mit einem einzigen Geschosse. Den gewaltigen Drachen, des Typhon Sohn, welcher die güldenen Äpfel der Hesperiden zu hüten pflegte, erlegte er am Fuße des Atlas und brachte dem Könige Eurystheus die Äpfel. Den Hund Kerberos, des Typhon Sohn, führte er aus der Unterwelt vor des Königes Angesicht.

DESSELBEN NEBENWERKE

Antaios, der Gaia Sohn, erschlug er in Libyen. Dieser zwang Fremde, mit ihm zu ringen, und brachte sie um, wenn sie gänzlich erschöpft waren. Herakles doch tötete ihn im Ringkampf. [Ebenso erledigte er] den Busiris in Ägypten, welcher Fremdlinge zu opfern pflegte. Sobald er von dessen Gewohnheit gehört hatte, ließ er sich mit einer Infula zum Altare führen; als Busiris aber die Götter anrufen wollte, erschlug Herakles ihn und dessen Opferdiener mit seiner Keule. Kygnos, des Ares Sohn, überwand er vermittelst seiner Waffen und tötete ihn. Als Ares dorthin gekommen war und mit Waffen wegen seines Sohnes mit ihm streiten wollte, sandte Zeus den Blitz zwischen sie. Den Leviathan, welchem man Hesione [zum Opfer] dargebracht hatte, erlegte er zu Troia. Laomedon, der Hesione Vater, streckte er mit seinen Pfeilen nieder, weil er sie ihm nicht auslieferte. Den Adler Aithon, wel-

quod Megaram Creontis filiam uxorem eius et filios Therimachum et Ophiten occidere voluit, interfecit. Achelous fluvius in omnes figuras se immutabat. Hic cum Hercule propter Deianirae coniugium cum pugnaret, in taurum se convertit, cui Hercules cornu detraxit, quod cornu Hesperidibus sive Nymphis donavit, quod deae pomis replerunt et cornu copiae appellarunt. Neleum Hippocoontis filium cum decem filiis occidit, quoniam is eum purgare sive lustrare noluit tunc, cum Megaram Creontis filiam uxorem suam et filios Therimachum et Ophiten interfecerat. Eurytum, quod Iolen filiam eius in coniugium petiit et ille eum repudiavit, occidit. Centaurum Nessum, quod Deianiram violare voluit, occidit. Eurytionem centaurum, quod Deianiram Dexameni filiam speratam suam uxorem petiit, occidit.

MEGARA

Hercules cum ad canem tricipitem esset missus ab Eurystheo rege et Lycus Neptuni filius putasset eum periisse, Megaram Creontis filiam uxorem eius et filios Therimachum et Ophiten interficere voluit et regnum occupare. Hercules eo intervenit et Lycum interfecit; postea ab Iunone insania obiecta Megaram et filios Therimachum et Ophiten interfecit. Postquam suae mentis compos est factus, ab Apolline petiit dari sibi responsum, quomodo scelus purgaret;

cher dem Prometheus beständig das Herz entfraß, erlegte er mit seinen Pfeilen. Lykos, des Poseidon Sohn, streckte er nieder, weil er sowohl Megara, des Kreon Tochter, seine Gattin, als auch seine Söhne Therimachos und Ophites erschlagen wollte. Der Flußgott Acheloos pflegte sich in alle möglichen Gestalten zu verwandeln. Als dieser mit Herakles um die Hand der Deianeira stritt, verwandelte er sich in einen Stier, welchem Herakles ein Horn entriß, das er den Hesperiden oder den Nymphen schenkte und welches die Göttinnen mit Obstfrüchten erfüllten und Füllhorn nannten. Neleus, des Hippokoon Sohn, erschlug er mitsamt seinen zehn Söhnen, da dieser ihn damals nicht entsühnen und reinigen wollte, als er Megara, des Kreon Tochter, seine Gattin, und seine Söhne Therimachos und Ophites getötet hatte. Eurytos erschlug er, weil er um dessen Tochter Iole anhielt und jener ihn zurückwies. Den Kentauren Nessos erschlug er, weil er Deianeira schänden wollte. Den Kentauren Eurytion erschlug er, weil er um Deianeira, des Dexamenos Tochter, die er selbst sich als Gattin erhoffte, anhielt.

MEGARA

Nachdem Herakles von König Eurystheus zu dem dreiköpfigen Hunde gesandt und Lykos, des Poseidon Sohn, zu der Annahme gekommen war, jener sei zugrunde gegangen, trachtete er danach, Megara, des Kreon Tochter, des Herakles Gattin, und dessen Söhne Therimachos und Ophites zu töten und den Thron zu rauben. Herakles doch erschien daselbst und tötete Lykos. Später tötete er, von Hera mit Wahnsinn geschlagen, Megara und seine Söhne Therimachos und Ophites. Nachdem er seines Verstandes wieder war teilhaftig geworden, bat er Apollon,

cui Apollo sortem quod reddere noluit, Hercules iratus de fano eius tripodem sustulit, quem postea Iovis iussu reddidit et nolentem sortem dare iussit. Hercules ob id a Mercurio Omphalae reginae in servitutem datus est.

CENTAURI

Hercules cum in hospitium ad Dexamenum regem venisset eiusque filiam Deianiram devirginasset fidemque dedisset se eam uxorem ducturum, post discessum eius Eurytion Ixionis et Nubis filius centaurus petit Deianiram uxorem. Cuius pater vim timens pollicitus est se daturum. Die constituto venit cum fratribus ad nuptias. Hercules intervenit et centaurum interfecit, suam speratam abduxit. Item aliis in nuptiis, Pirithous Hippodamiam Adrasti filiam cum uxorem duceret, vino pleni centauri conati sunt rapere uxores Lapithis; eos centauri multos interfecerunt, ab ipsis interierunt.

NESSUS

Nessus Ixionis et Nubis filius centaurus rogatus ab Deianira, ut se flumen Euhenum transferret: quam sublatam in flumine ipso violare voluit. Hoc Hercules cum intervenisset et Deianira cum fidem eius implorasset, Nessum

daß ihm ein Orakel gegeben werde, wie er sich von dem Frevel reinigen könne. Weil aber Apollon ihm kein Orakel zugestehen wollte, nahm Herakles erzürnt den Dreifuß aus dessen Tempel hinfort, welchen er später auf des Zeus Befehl zurückgab, und befahl ihm, obschon er nicht wollte, ein Orakel zu geben. Deshalb ward Herakles von Hermes in Knechtsdienst der Königin Omphale gegeben.

DIE KENTAUREN

Nachdem Herakles in das gastliche Haus des Königes Dexamenos gekommen war, dessen Tochter Deianeira ihrer Jungfernschaft beraubt und sein Treuwort gegeben hatte, daß er sie ehelichen werde, ging er fort. Später aber hielt der Kentaur Eurytion, des Ixion und der Nephele Sohn, um der Deianeira Hand an. Weil ihr Vater Gewalt fürchtete, versprach er, daß er sie ihm geben werde. Am bestimmten Tage kam er mit seinen Brüdern zur Hochzeit. Herakles doch kam hinzu und machte den Kenaturen nieder, seine Braut aber führte er hinfort. Ebenso gelegentlich jener anderen Hochzeit, als Peirithoos Hippodameia, des Adrastos Tochter, heiratete, versuchten die Kentauren, des Weines voll, den Lapithen ihre Frauen zu rauben. Die Kentauren töteten viele jener, bevor sie von eben jener Händen den Tod fanden.

NESSOS

Der Kentaur Nessos, des Ixion und der Nephele Sohn, ward von Deianeira gebeten, daß er sie über den Fluß Euenos trage. Nachdem er sie auf seinen Rücken genommen hatte, wollte er sie mitten im Flusse schänden. Als Herakles

sagittis confixit. Ille moriens, cum sciret sagittas hydrae Lernaeae felle tinctas quantam vim haberent veneni, sanguinem suum exceptum Deianirae dedit et id philtrum esse dixit; si vellet, ne se coniunx sperneret, eo iuberet vestem eius perungi. Id Deianira credens conditum diligenter servavit.

IOLE

Hercules cum Iolen Euryti filiam in coniugium petiisset, ille eum repudiasset, Oechaliam expugnavit; qui ut a virgine rogaretur, parentes eius coram ea interficere velle coepit. Illa animo pertinacior parentes suos ante se necari est perpessa. Quos omnes cum interfecisset, Iolen captivam ad Deianiram praemisit.

DEIANIRA

Deianira Oenei filia Herculis uxor cum vidit Iolen virginem captivam eximiae formae esse adductam verita est, ne se coniugio privaret. Itaque memor Nessi praecepti vestem tinctam centauri sanguine, Herculi qui ferret, nomine Licham famulum misit. Inde paulum, quod in terra deciderat et id sol attigit, ardere coepit. Quod Deianira ut vidit, aliter esse ac Nessus dixerat intellexit, et qui revocaret eum, cui vestem dederat, misit. Quam Hercules iam induerat statimque

dort erschienen war und Deianeira seiner Treue Beistand erfleht hatte, durchbohrte er den Nessos mit seinen Pfeilen. Weil er wußte, wie große Kraft dem Gifte jener Pfeile, die in der Lernaiischen Hydra Galle getaucht waren, innewohne, fing jener sterbend sein Blut auf, gab es Deianeira und sagte, daß dies ein Liebestrank sei; wenn sie wolle, daß der Gatte sich nicht von ihr trenne, solle sie damit sein Kleid über und über bestreichen lassen. Da Deianeira dies glaubte, barg sie das Blut und wahrte es sorgfältig.

IOLE

Nachdem Herakles um Iole, des Eurytos Tochter, angehalten, jener ihn aber zurückgewiesen hatte, eroberte er Oichalia. Um von der Jungfrau erbeten zu werden, wollte er deren Anverwandte in ihrer Gegenwart töten. Jene, in ihrer Seele äußerst standhaft, ertrug, daß ihre Anverwandten vor ihren Augen hingeschlachtet wurden. Nachdem er diese alle getötet hatte, sandte er Iole als Gefangene zu Deianeira voraus.

DEIANEIRA

Als Deianeira, des Oineus Tochter, des Herakles Gattin, sah, daß Iole, eine Jungfrau außerordentlicher Schöne, gefangen herangeführt worden sei, fürchtete sie, daß diese sie des Gatten berauben werde. Daher sandte sie, eingedenk der Weisung des Nessos, einen Diener namens Lichas, welcher ein Kleid, das mit des Kentauren Blut gefärbt war, dem Herakles bringen sollte. Da begann ein Weniges, welches auf die Erde gefallen war und von der Sonne berührt wurde, zu brennen. Sobald Deianeira dies gesehen hatte, erkannte sie, daß es anders sich verhalte,

flagrare coepit; qui cum se in flumen coniecisset, ut ardorem extingueret, maior flamma exibat; demere autem cum vellet, viscera sequebantur. Tunc Hercules Licham, qui vestem attulerat, rotatum in mare iaculatus est, qui quo loco cecidit, petra nata est, quae Lichas appellatur. Tunc dicitur Philoctetes Poeantis filius pyram in monte Oetaeo construxisse Herculi, eumque ascendisse immortalitatem. Ob id beneficium Philocteti Hercules arcus et sagittas donavit. Deianira autem ob fatum Herculis ipsa se interfecit.

AETHRA

Neptunus et Aegeus Pandionis filius in fano Minervae cum Aethra Pitthei filia una nocte concubuerunt. Neptunus, quod ex ea natum esset, Aegeo concessit. Is autem postquam a Troezene Athenas redibat, ensem suum sub lapide posuit et praecepit Aethrae, ut tunc eum ad se mitteret, cum posset eum lapidem allevare et gladium patris tollere; ibi fore indicium cognitionis filii. Itaque postea Aethra peperit Theseum, qui ad puberem aetatem cum pervenisset, mater praecepta Aegei indicat ei lapidemque ostendit, ut ensem tolleret, et iubet eum Athenas ad Aegeum proficisci, eosque, qui itineri infestabantur, omnes occidit.

als Nessos gesagt, und entsandte jemanden, der jenen, welchem sie das Kleid gegeben, zurückrufen sollte. Doch Herakles hatte dieses schon angelegt und begann sogleich zu brennen. Als er sich in einen Fluß geworfen, auf daß er die Glut lösche, stieg die Flamme noch höher empor. Als er es aber ablegen wollte, blieb sein Fleisch daran haften. Da schwang Herakles den Lichas, welcher das Kleid herangebracht hatte, im Kreise umher und schleuderte ihn ins Meer. An dem Orte jedoch, da er niederfiel, erwuchs ein Fels, welcher Lichas genannt wird. Daraufhin soll Philoktetes, des Poias Sohn, dem Herakles einen Scheiterhaufen auf dem Oitagebirge errichtet haben, und dieser habe ihn zur Unsterblichkeit bestiegen. Dieses Liebesdienstes wegen schenkte Herakles dem Philoktetes seinen Bogen und die Pfeile. Deianeira aber gab sich aufgrund dessen, das Herakles widerfahren war, selbst den Tod.

AITHRA

Poseidon und Aigeus, des Pandion Sohn, wohnten im Tempel der Athene während einer Nacht der Aithra, des Pittheus Tochter, bei. Poseidon aber gestand das [Kind], welches von ihr geboren werden sollte, dem Aigeus zu. Als dieser aber aus Troizen nach Athen zurückkehrte, legte er sein Schwert unter einen Stein und gebot Aithra, diesen [seinen Sohn] dann zu ihm zu schicken, wenn er jenen Stein lüpfen und des Vaters Schwert aufnehmen könne. An diesem Beweise werde er seinen Sohn erkennen. Und so gebar Aithra später den Theseus, und als dieser ins mannbare Alter gekommen war, offenbart ihm seine Mutter die Weisungen des Aigeus und zeigt ihm den Stein, damit er das Schwert aufnehme, und gebietet ihm, nach Athen zu Aigeus zu reisen. Und jene, welche den Weg unsicher zu machen pflegten, erschlug er alle.

THESEI LABORES

Corynetem Neptuni filium armis occidit; Pityocamptem, qui iter gradientes cogebat, ut secum arborem pinum ad terram flecterent, quam qui cum eo prenderat, ille eam viribus missam faciebat; ita ad terram graviter elidebatur et periebat, hunc interfecit. Procrusten Neptuni filium. Ad hunc hospes cum venisset, si longior esset, minori lecto proposito reliquam corporis partem praecidebat; sin autem brevior statura erat, lecto longiori dato incudibus suppositis extendebat eum, usque dum lecti longitudinem aequaret. Hunc interfecit. Scironem, qui ad mare loco quodam praerupto sedebat et, qui iter gradiebatur, cogebat eum sibi pedes lavare et ita in mare praecipitabat, hunc Theseus pari leto in mare deiecit, ex quo Scironis petrae sunt dictae. Cercyonem Vulcani filium armis occidit. Aprum, qui fuit Cremyone, interfecit. Taurum, qui fuit Marathone, quem Hercules a Creta ad Eurystheum adduxerat, occidit. Minotaurum oppido Gnosi occidit.

DAEDALUS

Daedalus Eupalami filius, qui fabricam a Minerva dicitur accepisse, Perdicem sororis suae filium propter artificii invidiam, quod is primum serram invenerat, summo tecto deicit. Ob id scelus in exsilium ab Athenis Cretam ad regem Minoem abiit.

DES THESEUS ARBEITEN

Korynetes, des Poseidon Sohn, erschlug er mit seinen Waffen. Ebenso erledigte er Pityokamptes, welcher jene, die ihres Weges einherwallten, zwang, mit ihm eine Fichte zur Erde zu beugen. Wenn sie einer aber mit ihm ergriffen hielt, ließ jener sie mit Gewalt entfahren. So ward er heftig zur Erde geschmettert und ging zugrunde. [Ebenso tötete er] Prokrustes, des Poseidon Sohn. Wann immer zu dem ein Gast gekommen war, stellte er ihm, falls er länger war, ein kürzeres Bett auf und hieb den übrigen Teil des Leibes vorn ab; wenn sein Wuchs aber kürzer war, gab er ihm ein längeres Bett, setzte Ambosse darunter und dehnte ihn, bis er des Bettes Länge gleichkam. Skiron, welcher am Meere an abschüssiger Statt weilte und [jeden], der seines Weges einherwallte, zwang, ihm die Füße zu waschen, und nach solchem Vorgang ins Meer hinabstürzte, weihte Theseus dem gleichen Tode und warf ihn ins Meer. Nach ihm sind die Skironischen Felsen benannt. Kerkyon, des Hephaistos Sohn, tötete er mit seinen Waffen. Er tötete den Eber, welcher in Krommyon hauste. Den Stier, welcher zu Marathon war und welchen Herakles von Kreta zu Eurystheus geführt hatte, erschlug er. Den Minotauros erschlug er in der Stadt Knossos.

DAIDALOS

Daidalos, des Eupalamos Sohn, welcher seine Kunstfertigkeit von Athene erhalten haben soll, stürzte Perdix, seiner Schwester Sohn, aus Neid auf dessen Geschicklichkeit, weil jener die erste Säge erfunden hatte, vom Firste des Daches. Dieses Verbrechens wegen ging er von Athen nach Kreta zu König Minos ins Exil.

PASIPHAE

Pasiphae Solis filia uxor Minois sacra deae Veneris per aliquot annos non fecerat. Ob id Venus amorem infandum illi obiecit, ut taurum amaret. In hoc Daedalus exsul cum venisset, petiit ab eo auxilium. Is ei vaccam ligneam fecit et verae vaccae corium induxit, in qua illa cum tauro concubuit; ex quo compressu Minotaurum peperit capite bubulo parte inferiore humana. Tunc Daedalus Minotauro labyrinthum inextricabili exitu fecit, in quo est conclusus. Minos re cognita Daedalum in custodiam coniecit, at Pasiphae eum vinculis liberavit; itaque Daedalus pennas sibi et Icaro filio suo fecit et accommodavit et inde avolarunt. Icarus altius volans a sole cera calefacta decidit in mare, quod ex eo Icarium pelagus est appellatum. Daedalus pervolavit ad regem Cocalum in insulam Siciliam. Alii dicunt: Theseus cum Minotaurum occidit, Daedalum Athenas in patriam suam reduxit.

MINOS

Minos Iovis et Europae filius cum Atheniensibus belligeravit, cuius filius Androgeus in pugna est occisus. Qui posteaquam Athenienses vicit, vectigales Minois esse coeperunt; instituit autem, ut anno uno quoque septenos liberos suos Minotauro ad epulandum mitterent. Theseus posteaquam a Troezene venerat et audiit, quan-

PASIPHAE

Pasiphae, des Helios Tochter, Gattin des Minos, hatte der Göttin Aphrodite Opfer durch einige Jahre hin nicht dargebracht. Deshalb fleußte Aphrodite ihr unnatürliche Brunst ein, so daß sie in Liebe zu einem Stiere brannte. Als zu dieser Zeit der landesflüchtige Daidalos kam, erbat sie von ihm Hilfe. Er schuf ihr eine hölzerne Kuh und legte ihr einer echten Kuh Haut an. In dieser Nachbildung aber wohnte sie dem Stiere bei. Aus diesem Beilager ging der Minotauros hervor, welcher ein Rinderhaupt und einen menschlichen Leib hatte. Dann schuf Daidalos dem Minotauros ein Labyrinth mit unfindbarem Ausgange, in welches er eingeschlossen ward. Als Minos den Sachverhalt in Erfahrung gebracht hatte, warf er Daidalos ins Gefängnis, doch Pasiphae befreite ihn von seinen Fesseln. Daher schuf Daidalos sich und seinem Sohne Ikaros Flügel, paßte sie an, und sie entflogen von dort. Weil Ikaros zu hoch flog, wurde das Wachs von der Sonne erwärmt und er stürzte ins Meer, welches nach ihm das Ikarische Meer genannt ist. Daidalos aber flog bis zu König Kokalos nach Sizilien. Andere sagen: Sowie Theseus den Minotauros erschlagen hatte, führte er Daidalos in seine Vaterstadt Athen zurück.

MINOS

Als Minos, des Zeus und der Europa Sohn, Krieg mit den Athenern führte, wurde sein Sohn Androgeos[39] in der Schlacht getötet. Nachdem er die Athener besiegt hatte, wurden diese dem Minos tributpflichtig; er ordnete ferner an, daß sie in jedem einzelnen Jahre sieben ihrer Kinder dem Minotauros zur Speise schicken sollen. Nachdem Theseus aus Troizen gekommen war und vernommen

ta calamitate civitas afficeretur, voluntarie se ad Minotaurum pollicitus est ire. Quem pater cum mitteret, praedixit ei, ut, si victor reverteretur, vela candida in navem haberet; qui autem ad Minotaurum mittebantur, velis atris navigabant.

THESEUS APUD MINOTAURUM

Theseus posteaquam Cretam venit, ab Ariadne Minois filia est adamatus adeo, ut fratrem proderet et hospitem servaret; ea enim Theseo monstravit labyrinthi exitum, quo Theseus cum introisset et Minotaurum interfecisset, Ariadnes monitu licium revolvendo foras est egressus eamque, quod fidem ei dederat, in coniugio secum habiturus avexit.

ARIADNE

Theseus in insula Dia tempestate retentus cogitans, si Ariadnen in patriam portasset, sibi opprobrium futurum, itaque in insula Dia dormientem reliquit; quam Liber amans inde sibi in coniugium abduxit. Theseus autem cum navigaret, oblitus est vela atra mutare, itaque Aegeus pater eius credens Theseum a Minotauro esse consumptum in mare se praecipitavit, ex quo Aegeum pelagus est dictum. Ariadnes autem sororem Phaedram Theseus duxit in coniugium.

hatte, von wie großem Unglück die Bürgerschaft heimgesucht werde, versprach er, freiwillig zum Minotauros zu gehen. Als sein Vater ihn gehen ließ, gebot er ihm, falls er siegreich zurückkehre, weiße Segel am Mast des Schiffes zu führen; die nämlich zum Minotaurus gesandt wurden, pflegten[40] mit schwarzen Segeln zu fahren.

THESEUS BEIM MINOTAUROS

Als Theseus nach Kreta gekommen war, entbrannte Ariadne, des Minos Tochter, in so große Liebe zu ihm, daß sie ihren Bruder preisgab und den Fremdling rettete; sie zeigte Theseus nämlich den Ausgang des Labyrinths. Nachdem Theseus hineingegangen war und den Minotauros getötet hatte, entkam er daraus, indem er auf Anweisung der Ariadne einen Faden wieder aufwickelte, und führte diese, da er ihr sein Treuwort gegeben hatte, weg in der Absicht, sie zu heiraten.

ARIADNE

Theseus, welcher auf der Insel Dia[41] von stürmischem Wetter festgehalten wurde, dachte nun, es werde ihm, wenn er Ariadne ins Vaterland führe, zur Schande gereichen, und so ließ er sie auf der Insel Dia schlafend zurück; Dionysos, welcher sie liebte, führte sie von dort hinweg und nahm sie sich zur Frau. Während Theseus aber nach Hause segelte, vergaß er, die schwarzen Segel auszuwechseln; da nun Aigeus, sein Vater, glaubte, Theseus sei vom Minotauros vertilgt worden, stürzte er sich ins Meer hinab; nach ihm wurde es das Ägäische Meer genannt.[42] Theseus aber heiratete Phaidra, die Schwester Ariadnes.

COCALUS

Minos quod Daedali opera multa sibi incommoda acciderant in Siciliam est eum persecutus petiitque a rege Cocalo ut sibi redderetur. cui cum Cocalus promisisset et Daedalus rescisset ab regis filiabus auxilium petiit. illae Minoem occiderunt.

PHILOMELA

Tereus Martis filius Thrax cum Prognen Pandionis filiam in coniugium haberet, Athenas ad Pandionem socerum venit rogatum, ut Philomelam alteram filiam sibi in coniugium daret: Prognen suum diem obisse dicit. Pandion ei veniam dedit Philomelamque et custodes cum ea misit: quos Tereus in mare iecit Philomelamque invitam in monte compressit. Postquam autem in Thraciam redit Philomelam mandat ad Lynceum regem, cuius uxor Laethusa quod Prognae fuit familiaris statim pellicem Terei ad eam deduxit. Progne cognita re cum sorore impium facinus pari consilio machinari coeperunt et regi talem gratiam referre. Interim Tereo ostendebatur in prodigiis Ity filio eius mortem a propinqua manu adesse. quo responso audito cum arbitraretur Dryantem fratrem suum filio suo mortem machinari fratrem Dryantem insontem occidit. Progne autem filium Itym ex se et Tereo natum occidit patrique in epulis apposuit et cum sorore profugit. Tereus facinore cognito fugientes cum insequeretur, deorum misericordia factum est,

KOKALOS

Minos, da viele Werke des Daidalos ihm Ungemach bereitet hatten, verfolgte diesen nach Sizilien und erbat von König Kokalos, daß er ihm zurückgegeben werde. Als ihm Kokalos dies versprochen und Daidalos es vernommen hatte, erbat er von des Königes Töchtern Hilfe. Jene doch töteten Minos.

PHILOMELA

Obschon der Thraker Tereus, des Ares Sohn, Prokne zu Gemahl hatte, kam er nach Athen zu seinem Schwiegervater Pandion, ihn zu bitten, daß er ihm Philomela, seine zweite Tochter, zu Gemahl gebe. Er behauptete, Prokne sei gestorben. Pandion willfahrte ihm und sandte Philomela und Bewacher mit ihr. Diese aber stürzte Tereus ins Meer und wohnte Philomela wider ihren Willen auf einem Berge bei. Als er aber nach Thrakien zurückgekehrt war, vertraute er Philomela dem Könige Lynkeus an, dessen Gattin Lathusa, weil sie der Prokne freundschaftlich verbunden war, des Tereus Geliebte sogleich zu ihr führte. Nachdem sie den Sachverhalt erfaßt hatte, begann Prokne mit ihrer Schwester, ein frevles Schandwerk nämlicher Tücke zu ersinnen und dem Könige so beschaffenen Dank zu erstatten. Indes wurde Tereus in Wunderzeichen offenbart, daß seines Sohnes Itys der Tod von verwandter Hand harre. So er diesen Bescheid vernommen, tötete er, da er wähnte, sein Bruder Dryas ersinne seinem Sohne Tod, den Dryas, obgleich dieser schuldlos war. Prokne aber tötete ihren Sohn Itys, welcher von ihr und Tereus stammte, und setzte ihn dem Vater beim Mahle vor und floh hinfort mit ihrer Schwester. Als Tereus die Freveltat erfaßt hatte und

ut Progne in hirundinem commutaretur, Philomela in lusciniam: Tereum autem accipitrem factum dicunt.

ERECHTHEUS

Erechtheus Pandionis filius habuit filias quatuor, quae inter se coniurarunt: si una earum mortem obisset, ceterae se interficerent. In eo tempore Eumolpus Neptuni filius Athenas venit oppugnaturus, quod patris sui terram Atticam fuisse diceret. is victus cum exercitu cum esset ab Atheniensibus interfectus, Neptunus, ne filii sui morte Erechtheus laetaretur, expostulavit ut eius filia Neptuno immolaretur. itaque Chthonia filia cum esset immolata, ceterae fide data se ipsae interfecerunt. ipse Erechtheus ab Iove Neptuni rogatu fulmine est ictus.

HIPPOLYTUS

Phaedra Minois filia Thesei uxor Hippolytum privignum suum adamavit; quem cum non potuisset ad suam perducere voluntatem, tabellas scriptas ad suum virum misit se ab Hippolyto compressam esse, seque ipsa suspendio necavit. Et Theseus re audita filium suum moenibus excedere iussit et optavit a Neptuno patre filio suo exitium. Itaque cum Hippolytus equis iunctis veheretur, repente e mari taurus apparuit, cuius

den Fliehenden nachsetzte, geschah's durch der Götter Barmherzigkeit, daß Prokne in eine Schwalbe verwandelt ward, Philomela aber in eine Nachtigal. Tereus jedoch soll des Habichts Gestalt erhalten haben.

ERECHTHEUS

Erechtheus, des Pandion Sohn, hatte vier Töchter, welche einander Eid und Schwur leisteten: Falls eine von ihnen sterbe, werden die übrigen sich selbst entleiben. Zu dieser Zeit kam Eumolpos, des Poseidon Sohn, nach Athen, um es zu bestürmen, weil, behauptete er, Attika seines Vaters Scholle sei gewesen. Nachdem er mit seinem Heere besiegt und von den Athenern getötet worden war, forderte Poseidon, damit nicht durch seines Sohnes Tod Erechtheus Freude fühle, daß dessen eine Tochter dem Poseidon geopfert werde. Nachdem also seine Tochter Chthonia geopfert worden war, entleibten gemäß gegebenem Treuworte die übrigen sich selbst. Erechtheus selbst aber ward von Zeus auf Bitten des Poseidon mit dem Blitz erschlagen.

HIPPOLYTOS

Phaidra, des Minos Tochter, des Theseus Gattin, entflammte in Liebe zu Hippolytos, ihrem Stiefsohn[43]; weil sie diesen nicht hatte veranlassen können, ihr zu Willen zu sein, sandte sie einen Brief an ihren Gatten, ihr sei von Hippolytos Gewalt angetan worden, und tötete sich selbst durch Erhängen. Und als Theseus die Sache vernommen hatte, gebot er seinem Sohn, die Stadt zu verlassen, und erbat sich von seinem Vater Poseidon seines Sohnes Tod. Da also Hippolytos mit seinem Rossegespann einherfuhr,

mugitu equi expavefacti Hippolytum distraxerunt vitaque privarunt.

REGES ATHENIENSIUM

Cecrops Terrae filius
Cephalus Deionis filius
Erichthonius Vulcani filius
Aegeus Pandionis filius
Pandion Erichthonii filius
Theseus Aegei filius
Erechtheus Pandionis filius
Demophon Thesei filius

LAIUS

Laio Labdaci filio ab Apolline erat responsum de filii sui manu mortem ut caveret. Itaque Iocasta Menoecei filia uxor eius cum peperisset, iussit exponi. Hunc Periboea Polybi regis uxor, cum vestem ad mare lavaret, expositum sustulit; Polybo sciente, quod orbi erant liberis, pro suo educaverunt eumque, quod pedes transiectos haberet, Oedipum nominaverunt.

OEDIPUS

Postquam Oedipus Laii et Iocastes filius ad puberem aetatem pervenit, fortissimus praeter ceteros erat eique per invidiam aequales

tauchte plötzlich aus dem Meer ein Stier auf, durch dessen Brüllen die Pferde erschreckt wurden, Hippolytos zerrissen und ihn seines Lebens beraubten.[44]

DIE KÖNIGE DER ATHENER

Kekrops, der Gaia Sohn
Kephalos, des Deion Sohn
Erichthonios, des Hephaistos Sohn
Aigeus, des Pandion Sohn
Pandion, des Erichthonios Sohn
Theseus, des Aigeus Sohn
Erechtheus, des Pandion Sohn
Demophon, des Theseus Sohn[45]

LAIOS

Laios, des Labdakos Sohn, hatte von Apollon ein Orakel erhalten, daß er sich vor dem Tode durch seines Sohnes Hand hüten solle. Als daher Iokaste, des Menoikeus Tochter, seine Gattin, geboren hatte, befahl er, daß das Kind ausgesetzt werde. Periboia, des Königes Polybos Gattin, nahm das Findelkind an sich, als sie am Meer ihr Kleid wusch. Obschon Polybos es wußte, zogen sie den Knaben, weil sie selbst ohne Kinder waren, als ihren eigenen Sohn auf und nannten ihn, weil er durchbohrte Füße hatte, Oidipus.

OIDIPUS

Nachdem Oidipus, des Laios und der Iokaste Sohn, ins mannbare Alter gekommen, war er der Stärkste vor den übrigen, und seine Altersgenossen hielten ihm aus Neid

obiciebant eum subditum esse Polybo, eo quod Polybus tam clemens esset et ille impudens; quod Oedipus sensit non falso sibi obici. Itaque Delphos est profectus sciscitatum de parentibus suis. Interim Laio in prodigiis ostendebatur mortem ei adesse de nati manu. Idem cum Delphos iret, obviam ei Oedipus venit, quem satellites cum viam regi dari iuberent, neglexit. Rex equos immisit et rota pedem eius oppressit; Oedipus iratus inscius patrem suum de curru detraxit et occidit. Laio occiso Creon Menoecei filius regnum occupavit; interim Sphinx Typhonis in Boeotiam est missa, quae agros Thebanorum vexabat; ea regi Creonti simultatem constituit: si carmen, quod posuisset, aliquis interpretatus esset, se inde abire, si autem datum carmen non solvisset, eum se consumpturam dixit neque aliter de finibus excessuram. Rex re audita per Graeciam edixit, qui Sphingae carmen solvisset, regnum se et Iocasten sororem ei in coniugium daturum promisit. Cum plures regni cupidine venissent et a Sphinge essent consumpti, Oedipus Laii filius venit et carmen est interpretatus; illa se praecipitavit. Oedipus regnum paternum et Iocasten matrem inscius accepit uxorem, ex qua procreavit Eteoclen et Polynicen, Antigonam et Ismenen. Interim Thebis sterilitas frugum et penuria incidit ob Oedipodis scelera, interrogatusque Tiresias, quid ita Thebae vexarentur, respondit, si quis ex draconteo genere superesset et pro patria interiisset, pestilentia liberaturum. Tum Menoeceus Iocastae pater se de muris praecipitavit. Dum

vor, daß er dem Polybos untergeschoben sei, weil Polybos so milde sei und jener unverschämt. Oidipus fühlte, daß ihm das nicht unbegründet vorgehalten werde. Daher brach er nach Delphoi auf, um sich betreffs seiner Eltern zu erkundigen. Indes ward Laios in Vorzeichen offenbart, daß ihm der Tod durch seines Kindes Hand bevorstehe. Als er gleichfalls gen Delphoi wallte, kam ihm Oidipus entgegen. Als diesem die Trabanten geboten, dem Könige seinen Weg zu räumen, hielt er's der Beachtung nicht wert. Der König ließ die Rosse sich stürzen und quetschte mit einem Rade dessen Fuß. Oidipus zog in Zorn und Unkunde seinen Vater von dem Wagen und erschlug ihn. Nach des Laios Tötung bemächtigte sich Kreon, des Menoikeus Sohn, des Thrones. Indes wurde die Sphinx, des Typhon Tochter, nach Boiotien gesandt, welche der Thebaner Gefilde heimsuchte. Sie bestimmte dem Könige Kreon einen Wettstreit: Falls, gab sie zu verstehen, das Rätselwort, welches sie vorlegen wolle, jemand sollte deuten können, gehe sie hinfort von dort, wenn er jedoch das gegebene Rätselwort nicht sollte lösen können, werde sie ihn vernichten, nicht anders aber aus des Landes Grenzen sich zurückziehen. Nachdem der König die Sache vernommen hatte, verkündete er durch Griechenland hin und versprach, er werde dem, welcher der Sphinx Rätselwort sollte lösen können, seinen Thron und seine Schwester Iokaste zur Frau geben. Nachdem schon ziemlich viele, begierig nach dem Throne, gekommen und von der Sphinx vernichtet worden waren, kam Oidipus, des Laios Sohn, und deutete das Rätselwort. Jene doch stürzte sich in die Tiefe. Ohne es zu wissen, erhielt Oidipus den väterlichen Thron und seine Mutter Iokaste zu Gemahl, mit welcher er Eteokles und Polyneikes, Antigone und Ismene zeugte. Indes befiel Theben

haec Thebis geruntur, Corintho Polybus decedit, quo audito Oedipus moleste ferre coepit aestimans patrem suum obisse; cui Periboea de eius suppositione palam fecit; item Menoetes senex, qui eum exposuerat, ex pedum cicatricibus et talorum agnovit Lai filium esse. Oedipus re audita postquam vidit se tot scelera nefaria fecisse, ex veste matris fibulas detraxit et se luminibus privavit, regnumque filiis suis alternis annis tradidit et a Thebis Antigona filia duce profugit.

POLYNICES

Polynices Oedipodis filius anno peracto regnum ab Eteocle fratre repetit; ille cedere noluit. Itaque Polynices Adrasto rege adiuvante cum septem ductoribus Thebas oppugnatum venit. Ibi Capaneus, quod contra Iovis voluntatem Thebas se capturum diceret, cum murum ascenderet, fulmine est percussus; Amphiaraus terra est devoratus; Eteocles et Polynices inter se pugnantes alius alium interfecerunt. His cum Thebis parentaretur, etsi ventus vehemens esset, tamen fumus se numquam in unam partem

Mißwachs der Feldfrucht und Mangel wegen des Oidipus Frevel, und als man Teiresias gefragt hatte, weshalb Theben so gequält werde, antwortete er, daß, falls irgendeiner aus dem Drachengeschlechte übrig sei und für das Vaterland sterbe, dieser es von der Seuche befreien werde. Da stürzte sich Menoikeus, der Iokaste Vater, von den Mauern. Während dies zu Theben geschah, starb zu Korinth Polybos. Sowie man dies vernommen hatte, verdroß es den Oidipus, da er glaubte, sein Vater sei gestorben. Periboia doch machte ihm seine Unterschiebung bekannt. Ebenso erkannte der greise Menoites, welcher ihn ausgesetzt hatte, an den Narben seiner Füße und Fersen, daß er des Laios Sohn sei. Nachdem Oidipus den Sachverhalt vernommen und gesehen hatte, daß er so viele gottlose Frevel begangen habe, zog er aus der Mutter Kleide die Fiebeln und beraubte sich des Augenlichtes und übergab seine Krone seinen Söhnen, auf daß sie diese von Jahr zu Jahr abwechselnd tragen, und floh aus Theben, wobei er sich von seiner Tochter Antigone führen ließ.

POLYNEIKES

Als ein Jahr vollendet war, forderte Polyneikes, des Oidipus Sohn, die Krone von seinem Bruder Eteokles. Jener doch wollte nicht weichen. Daher kam Polyneikes, von König Adrastos unterstützt, mit sieben Heerführern, um Theben zu bestürmen. Dort wurde Kapaneus, weil er sagte, er wolle wider des Zeus Willen Theben nehmen, mit dem Blitze durchbohrt, als er die Mauer erstieg. Amphiaraos ward von der Erde verschlungen. Eteokles und Polyneikes fochten widereinander und töteten einer den anderen. Als diesen zu Theben ein feierliches Totenopfer dargebracht wurde, wandte sich der Rauch, obschon der

convertit, sed alius alio seducitur. Ceteri cum Thebas oppugnarent et Thebani rebus suis diffiderent, Tiresias Eueris filius augur praemonuit, si ex dracontea progenie aliquis interiisset, oppidum ea clade liberari. Menoeceus cum vidit se unum civium salutem posse redimere, muro se praecipitavit; Thebani victoria sunt potiti.

ANTIGONA

Creon Menoecei filius edixit, ne quis Polynicen aut, qui una venerunt, sepulturae traderent, quod patriam oppugnatum venerint; Antigona soror et Argia coniunx clam noctu Polynicis corpus sublatum in eadem pyra, qua Eteocles sepultus est, imposuerunt. Quae cum a custodibus deprehensae essent, Argia profugit, Antigona ad regem est perducta; ille eam Haemoni filio, cuius sponsa fuerat, dedit interficiendam. Haemon amore captus patris imperium neglexit et Antigonam ad pastores demandavit, ementitusque est se eam interfecisse. Quae cum filium procreasset et ad puberem aetatem venisset, Thebas ad ludos venit; hunc Creon rex, quod ex draconteo genere omnes in corpore insigne habebant, cognovit. Cum Hercules pro Haemone deprecaretur, ut ei ignosceret, non impetravit; Haemon se et Antigonam coniugem interfecit. At Creon Megaram filiam suam Herculi dedit in coniugium, ex qua nati sunt Therimachus et Ophites.

Wind heftig war, dennoch nie nach einer Seite, sondern zog teils in diese, teils in jene Richtung ab. Als die übrigen Theben bestürmten und die Thebaner an ihrer Lage verzweifelten, sagte Teiresias, des Eueres Sohn, ein Seher, voraus, wenn irgendeiner aus dem Drachengeschlechte sterbe, werde die Stadt von diesem Unheil befreit. Als Menoikeus[46] sah, daß er als einziger der Bürger Heil zu erkaufen vermöge, stürzte er sich von der Mauer; die Thebaner aber gewannen den Sieg.

ANTIGONE

Kreon, des Menoikeus Sohn, ordnete an, daß keiner den Polyneikes oder sonst einen derer, welche mit ihm gekommen, bestatten solle, da sie gekommen, um das Vaterland zu bestürmen. Seine Schwester Antigone aber und Argeia, seine Gattin, hoben den Leichnam des Polyneikes des Nachts heimlich auf und legten ihn auf denselben Scheiterhaufen, auf welchem Eteokles bestattet ward. Nachdem sie von den Wächtern waren ergriffen worden, entfloh Argeia, Antigone aber wurde zu dem Könige hingeführt. Jener übergab sie seinem Sohne Haimon, dessen Braut sie gewesen war, auf daß er sie töte. Doch weil Haimon sie liebte, kümmerte er sich nicht um des Vaters Befehl, vertraute sie Hirten an und gab fälschlich vor, sie getötet zu haben. Als sie einen Sohn geboren hatte und dieser ins mannbare Alter gekommen war, fand er sich in Theben zu Spielen ein. König Kreon erkannte ihn, da alle aus dem Drachengeschlecht ein Kennzeichen am Leibe trugen. Herakles bat für Haimon, daß er ihm Verzeihung gewähren möge, erreichte aber nichts. Haimon tötete daher sich und seine Braut Antigone. Doch Kreon gab seiner Tochter Megara Hand dem Herakles. Dieser Ehe entsprangen Therimachos und Ophites.

ADRASTUS

Adrasto Talai et Eurynomes filio responsum ab Apolline fuit, eum filias suas Argiam et Deipylam apro et leoni daturum in coniugium. Sub eodem tempore Polynices Oedipodis filius expulsus ab Eteocle fratre ad Adrastum devenit et Tydeus simul Oenei et Periboeae captivae filius a patre, quod fratrem Menalippum in venatione occiderat. Quod cum satellites Adrasto nuntiassent duos iuvenes incognita veste venisse unus enim aprinea pelle opertus alter leonina tunc Adrastus memore sortium suarum iubet eos ad se perduci atque interrogavit quid ita hoc cultu in regna sua venissent. Cui Polynices indicat se a Thebis venisse et idcirco se pellem leoninam operuisse quod Hercules a Thebis genus duceret et insignia gentis suae secum portaret. Tydeus autem dicit se Oenei filium esse et a Calydone genus ducere, ideo pelle aprinea se opertum significans aprum Calydonium. Tunc rex responsi memor Argiam maiorem dat Polynici ex qua nascitur Thersander, Deipylam minorem dat Tydeo ex qua nascitur Diomedes qui apud Troiam pugnavit. At Polynices rogat Adrastum, ut sibi exercitum commodaret ad paternum regnum recuperandum a fratre: cui Adrastus non tantum exercitum dedit, sed etiam ipse cum aliis ducibus profectus est, quoniam Thebae septem portis claudebantur. Amphion enim qui Thebas muro cinxit septem filiarum nomine portas constituit. hae autem fuerunt: Thera Cleodoxe Astynome Astycratia Chias Ogygia Chloris.

ADRASTOS

Dem Adrastos, des Talaos und der Eurynome Sohn, war von Apollon ein Los beschieden, daß dieser seine Töchter Argeia und Deipyle einem Eber und einem Löwen zu Gemahle geben werde. Um die nämliche Zeit kam Polyneikes, des Oidipus Sohn, welcher von seinem Bruder Eteokles vertrieben worden war, zu Adrastos und zugleich Tydeus, des Oineus und der Kriegsgefangenen Periboia Sohn, welcher von seinem Vater verstoßen worden war, weil er seinen Bruder Melanippos gelegentlich einer Jagd getötet hatte. Als dies die Leibwache dem Adrastos gekündet hatte, daß zween Jünglinge in unbekannter Tracht gekommen seien, der eine nämlich war in eines Ebers Fell gehüllt, der andere in eines Löwen, da gebeut Adrastos, eingedenk seiner Lose, daß jene zu ihm geführt werden, und fragte, was sie in diesem Aufzuge nach seinem Reiche gekommen. Polyneikes offenbart ihm, daß er von Theben gekommen und deshalb in eines Löwen Fell gehüllt sei, weil Herakles von Theben sein Geschlecht herleite und seines Stammes Zeichen er mit sich trage. Tydeus aber sagt, daß er des Oineus Sohn sei und von Kalydon sein Geschlecht herleite; deshalb sei er in eines Ebers Fell gehüllt, verweisend auf den Kalydonischen Eber. Da gibt der König, eingedenk des Bescheides, seine ältere Tochter Argeia dem Polyneikes, woraus Thersandros hervorgeht, Deipyle aber, seine jüngere Tochter, gibt er dem Tydeus, woraus hervorgeht Diomedes, welcher vor Troia gefochten hat. Polyneikes doch bittet den Adrastos, ihm ein Heer anzuvertrauen, damit er die väterliche Krone von seinem Bruder zurückerlange. Adrastos aber gab ihm nicht nur ein Heer, sondern brach sogar selbst mit [sechs] anderen Führern auf, da ja Theben sieben Tore verschlossen hielten. Amphion nämlich, welcher Theben mit einer Mauer umgürtet, hatte sieben Tore mit seiner Töchter Namen errichtet. Diese aber waren: Thera, Kleodoxa, Astynome, Astykrateia, Chias, Orgygia und Chloris.

REGES SEPTEM THEBAS PROFECTI

Adrastus Talai filius ex Eurynome Iphiti filia Argivus, Capaneus Hipponoi filius ex Astynome Talai filia sorore Adrasti Argivus, Amphiaraus Oeclei filius vel ut alii auctores dicunt Apollinis, ex Hypermnestra Thestii filia Pylius, Polynices Oedipodis filius ex Iocasta Menoecei filia Thebanus, Tydeus Oenei filius ex Periboea captiva Calydonius, Hippomedon Mnesimachi filius ex Mythidice Talai filia sorore Adrasti Argivus, Parthenopaeus Meleagri filius ex Atalanta Iasii filia ex monte Parthenio Arcas.
Hi omnes duces apud Thebas perierunt praeter Adrastum Talai filium: is enim equi beneficio ereptus est. qui postea filios eorum armatos ad Thebas expugnandas misit ut iniurias paternas vindicarent eo quod insepulti iacuerant Creontis iussu, qui Thebas occuparat, fratris Iocastes.

SEPTEM EPIGONI ID EST FILII

Aegialeus Adrasti filius ex Demonassa Argivus. hic solus periit ex septem, qui exierant: quia pater ex septem superaverat pro patre vicariam vitam dedit. Ceteri sex victores redierunt: Thersander Polynicis filius ex Argia Adrasti filia Argivus, Alcmaeon Amphiarai filius ex Eriphyle

SIEBEN KÖNIGE WIDER THEBEN

Adrastos, des Talaos Sohn von Eurynome, des Iphitos Tochter, ein Argeier, Kapaneus, des Hipponoos Sohn von Astynome, des Talaos Tochter, einer Schwester des Adrastos, ein Argeier, Amphiaraos, des Oikles Sohn oder, wie andere Autoren sagen, des Apollon von Hypermnestra, des Thestios Tochter, ein Pylier, Polyneikes, des Oidipus Sohn von Iokaste, des Menoikeus Tochter, ein Thebaner, Tydeus, des Oineus Sohn von Periboia, einer Kriegsgefangenen, ein Kalydonier, Hippomedon, des Mnesimachos Sohn von Metidike, des Talaos Tochter, Schwester des Adrastos, ein Argeier, Parthenopaios, des Meleagros Sohn von Atalante, des Iasios Tochter, vom Parthenion-gebirge, ein Arkader.

All diese Führer fielen vor Theben außer Adrastos, des Talaos Sohn. Dieser nämlich wurde durch seines Rosses Wohltat entrissen. Später aber sandte er jener Söhne gewappnet zur Eroberung Thebens aus, damit sie die Unrechtstaten wider ihre Väter rächen deshalb, weil sie unbestattet gelegen auf des Kreon Geheiß, der Iokaste Bruder, welcher sich Thebens bemächtigt hatte.

DIE SIEBEN EPIGONEN, DAS HEISST SÖHNE

Aigialeus, des Adrastos Sohn von Demonassa, ein Argiver. Dieser allein fiel von den sieben, welche ausgezogen waren: Weil sein Vater von sieben überlebt hatte, gab er für den Vater stellvertrend Leben. Die übrigen sechs kehrten siegreich zurück: Thersandros, des Polyneikes Sohn von Argeia, des Adrastos Tochter, ein Argeier, Alkmaion, des

Talai filia Argivus, Polydorus Hippomedontis filius ex Euanippe Elati filia Argivus, Thesimenes Parthenopaei filius ex Clymene nympha Mysius.

AMPHIARAUS, ERIPHYLA ET ALCMAEON

Amphiaraus Oeclei et Hypermnestrae Thestii filiae filius augur, qui sciret si ad Thebas oppugnatum isset se inde non rediturum, itaque celavit se conscia Eriphyle coniuge sua Talai filia. Adrastus autem ut eum investigaret monile aureum ex gemmis fecit et muneri dedit sorori suae Eriphylae, quae doni cupida coniugem prodidit. Amphiaraus Alcmaeoni filio suo praecepit, ut post suam mortem poenas a matre exequeretur. qui postquam apud Thebas terra est devoratus, Alcmaeon memor patris praecepti Eriphylen matrem suam interfecit. quem postea furiae exagitarunt.

HYPSIPYLE

Septem ductores qui Thebas oppugnatum ibant devenerunt in Nemeam, ubi Hypsipyle Thoantis filia in servitute puerum Archemorum sive Ophelten Lyci regis filium nutriebat. cui responsum erat, ne in terra puerum deponeret, antequam posset ambulare. ergo ductores septem, qui Thebas ibant, aquam quarentes devenerunt ad Hypsipylen eamque rogaverunt, ut eis aquam demonstraret. illa timens puerum in

Amphiaraos Sohn von Eriphyle, des Talaos Tochter, ein Argeier, Polydoros, des Hippomedon Sohn von Euanippe, des Elatos Tochter, ein Argeier, Thesimenes, des Parthenopaios Sohn von Klymene, einer Nymphe, ein Mysier.

AMPHIARAOS, ERIPHYLE UND ALKMAION

Amphiaraos, des Oikles und der Hypermnestra, des Thestios Tochter, Sohn, war ein Seher. Weil er wußte, wenn er zu Thebens Bestürmung ausgehe, werde er von dort nicht zurückkehren, verbarg er sich mit Wissen seiner Gattin Eriphyle, des Talaos Tochter. Adrastos aber fertigte, damit er ihn aufspüre, ein güldenes Halsband mit Juwelen und gab es zu Geschenke seiner Schwester Eriphyle, welche, der Gabe begierig, den Gatten verriet. Amphiaraos doch befahl seinem Sohne Alkmaion, nach seinem Tode die Mutter zu bestrafen. Nachdem er bei Theben von der Erde war verschlungen worden, tötete Alkmaion, eingedenk der Anweisung seines Vaters, seine Mutter Eriphyle. Später hetzten ihn [daher] die Erinyen.

HYPSIPYLE

Die sieben Führer, welche Theben zu bestürmen zogen, gelangten nach Nemea, wo Hypsipyle, des Thoas Tochter, in Knechtschaft den Knaben Archemoros oder Opheltes, des Königes Lykos Sohn, nährte. Ihr doch war beschieden, den Knaben nicht auf die Erde abzusetzen, bevor er gehen könne. Also gelangten die sieben Führer, welche gen Theben zogen, während sie Wasser suchten, zu Hypsipyle und baten sie, ihnen Wasser zu weisen. Jene doch fürchtete, den Knaben auf die Erde abzusetzen. Es war aber bei

terram deponere apium altissimum erat ad fontem, in quo puerum deposuit. quae dum aquam eis tradit, draco fontis custos puerum exedit. at draconem Adrastus et ceteri occiderunt et Lycum pro Hypsipyle deprecati sunt ludosque puero funebres instituerunt, qui quinto quoque anno fiunt, in quibus victores apicam coronam accipiunt.

TIRESIAS

In monte Cyllenio Tiresias Eueris filius pastor dracones venerantes dicitur baculo percussisse, alias calcasse; ob id in mulieris figuram est conversus; postea monitus a sortibus in eodem loco dracones cum calcasset, redit in pristinam speciem. Eodem tempore inter Iovem et Iunonem fuit iocosa altercatio, quis magis de re venerea voluptatem caperet, masculus an femina, de qua re Tiresiam iudicem sumpserunt, qui utrunque erat expertus. Is cum secundum Iovem iudicasset, Iuno irata manu aversa eum excaecavit; at Iovis ob id fecit, ut septem aetates viveret vatesque praeter ceteros mortales esset.

LEDA

Iuppiter Ledam Thestii filiam in cygnum conversus ad flumen Eurotam compressit et ex eo peperit Pollucem et Helenam, ex Tyndareo autem Castorem et Clytaemnestram.

dem Quell ein sehr hoher Sumpfeppich, auf welchen sie den Knaben ablegte. Während sie jenen allerdings Wasser reichte, verschlang ein Wurm, der Quelle Hüter, den Knaben. Doch Adrastos und die übrigen töteten die Schlange und legten bei Lykos Fürbitte ein um Hypsipylens willen und stifteten dem Knaben Leichenspiele, welche in jedem fünften Jahre abgehalten werden und welcher gelegentlich die Sieger einen Kranz von Eppich empfangen.

TEIRESIAS

Gesagt wird, der Hirte Teiresias, des Eueres Sohn, habe auf dem Berge Kyllene sich paarende Schlangen mit seinem Hirtenstabe durchbohrt, ein andermal heißt es, er habe sie mit Füßen zertreten. Deshalb ward er in einer Frau Gestalt verwandelt. Als er später auf Weisung eines Orakels an demselben Orte Schlangen mit Füßen zertreten hatte, verwandelte er sich in seine frühere Gestalt zurück. Zu der nämlichen Zeit gab es zwischen Zeus und Hera einen schäkerhaften Streit, wer mehr Genuß ziehe aus der fleischlichen Liebe, der Mann oder die Frau. Also nahmen sie als Schiedsrichter in ihrer Sache den Teiresias, welcher beide Geschlechter erprobt hatte. Als dieser zugunsten des Zeus entschieden hatte, geriet Hera in Zorn und blendete ihn mit gewandter Hand. Dessentwegen doch wirkte Zeus, daß er sieben Alter lebte und ein Seher vor den übrigen Sterblichen war.

LEDA

Zeus, in einen Schwan verwandelt, tat am Flusse Eurotas Gewalt an der Leda, des Thestios Tochter, und so gebar sie von ihm Polydeukes und Helena, von Tyndareos aber Kastor und Klytaimnestra.

TYNDAREUS

Tyndareus Oebali filius ex Leda Thestii filia procreavit Clytaemnestram et Helenam; Clytaemnestram Aga-memnoni Atrei filio dedit in coniugium; Helenam propter formae dignitatem complures ex civitatibus in coniugium proci petebant. Tyndareus cum repudiari filiam suam Clytaemnestram ab Agamemnone vereretur timeretque, ne quid ex ea re discordiae nasceretur, monitus ab Ulixe iureiurando se obligavit et arbitrio Helenae posuit, ut, cui vellet nubere, coronam imponeret. Menelao imposuit, cui Tyndareus eam dedit uxorem regnumque moriens Menelao reliquit.

HELENA

Theseus Aegei et Aethrae Pitthei filiae filius cum Pirithoo Ixionis filio Helenam Tyndarei et Ledae filiam virginem de fano Dianae sacrificantem rapuerunt et detulerunt Aphidnas in pagum Atticae regionis. Quod Iovis eos cum vidisset tantam audaciam habere, ut se ipsi ad periculum offerrent, in quiete eis imperavit, ut peterent ambo a Plutone Pirithoo Proserpinam in coniugium; qui cum per insulam Taenariam ad inferos descendissent et, de qua re venissent, indicarent Plutoni, a furiis strati diuque lacerati sunt. Quo Hercules ad canem tricipitem ducendum cum venisset, illi fidem eius implorarunt; qui a Plutone impetravit eosque incolumes eduxit. Ob Helenam Castor et Pollux fratres bel-

TYNDAREOS

Tyndareos, des Oibalos Sohn, zeugte mit Leda, des Thestios Tochter, Klytaimnestra und Helena. Klytaimnestra gab er Agamemnon, des Atreus Sohn, zur Frau. Nach Helenas Hand aber trachteten wegen ihrer Schönheit Adel ziemlich viele Freier aus den Völkern. Weil Tyndareos fürchtete, Agamemnon werde seine Tochter Klytaimnestra zurückweisen, und besorgt war, daß irgend der Zwietracht aus dieser Sache erwachse, verpflichtete er sich auf Anraten des Odysseus durch einen Schwur und gewährte Helena freie Entscheidung, demjenigen, welchen sie heiraten wolle, einen Kranz aufzusetzen. Sie doch kränzte Menelaos, welchem Tyndareus ihre Hand gab. Als er aber starb, hinterließ er Menelaos die Herrschaft.

HELENA

Theseus, Sohn des Aigeus und der Aithra, des Pittheus Tochter, raubte zusammen mit Peirithoos, des Ixion Sohn, Helena, des Tyndareos und der Leda jungfräuliches Kind, vom Heiligtume der Artemis, da sie opferte, und brachte sie nach Aphidnai, einem Gau des attischen Gebietes. Als Zeus sie hatte besitzen sehen so gewaltige Kühnheit, daß sie selbst sich der Gefahr entgegenwerfen, gebot er ihnen im Schlafe beiden, Pluton um der Persophone Hand für Peirithoos zu bitten. Als sie aber durch die Insel Tainaron nach der Unterwelt hinabgestiegen waren und Pluton angezeigt hatten, welcher Sache wegen sie gekommen seien, wurden sie von den Erinyen niedergestreckt und lange gepeinigt. Als Herakles dorthin gekommen war, um den dreiköpfigen Hund abzuführen, erflehten sie seiner Treue Beistand. Er setzte sich vor Pluton durch und führte sie unversehrt

ligerarunt et Aethram Thesei matrem et Phisadiem Pirithoi sororem ceperunt et in servitutem sorori dederunt.

CASTOR

Idas et Lynceus Apharei filii ex Messenis habuerunt sponsas Phoeben et Hilairam Leucippi filias; hae autem formosissimae virgines cum essent et esset Phoebe sacerdos Minervae, Hilaira Dianae, Castor et Pollux amore incensi eas rapuerunt. Illi amissis sponsis arma tulerunt, si possent eas recuperare. Castor Lynceum in proelio interfecit; Idas amisso fratre omisit bellum et sponsam, coepit fratrem sepelire. Cum ossa eius collocaret in pila, intervenit Castor et prohibere coepit monumentum fieri, quod diceret se eum quasi feminam superasse. Idas indignans gladio, quo cinctus erat, Castori inguina traiecit. Alii dicunt, quemadmodum aedificabat, pilam super Castorem impulisse et sic interfectum. Quod cum annuntiassent Polluci, accurrit et Idam uno proelio superavit corpusque fratris recuperatum sepulturae dedit; cum autem ipse stellam ab Iove accepisset et fratri non esset data, ideo quod diceret Iovis Castorem semine Tyndarei et Clytaemnestram natos, ipsum autem et Helenam Iovis esse filios, tunc deprecatus Pollux, ut liceret ei munus suum cum fratre communicare; cui permisit.

hinaus. Helenas wegen rührten ihre Brüder Kastor und Polydeukes des Krieges Fackel und nahmen Aithra, des Theseus Mutter, und Phisadie, des Peirithoos Schwester, gefangen und gaben sie ihrer Schwester in Knechtsdienst.

KASTOR

Idas und Lynkeus, des Aphareus Söhne, hatten Bräute aus Messene, nämlich Phoibe und Hilaeira, des Leukippos Töchter. Weil diese aber Jungfrauen äußerster Schönheit waren und Phoibe eine Priesterin der Athene, Hilaeira aber der Artemis, raubten sie Kastor und Polydeukes, die in Liebe entbrannt waren. Nachdem sie ihre Bräute verloren hatten, nahmen jene ihre Waffen, ob nicht sie diese wieder erringen können. Kastor tötete den Lynkeus im Kampf. Nach dem Verluste seines Bruders gab Idas den Krieg und seine Braut auf und begann, seinen Bruder zu bestatten. Als er dessen Gebeine in einer Grabsäule schichtete, kam Kastor dazwischen und begann zu verhindern, daß ein Grabmal enstehe, weil er sagte, er habe jenen wie eine Frau überwunden. Idas ward unwillig und durchborhrte Kastor mit dem Schwerte, damit er gegürtet war, den Unterleib. Andere sagen, wie er sie errichtete, habe er die Grabsäule über Kastor umgestürzt, und so sei er getötet worden. Nachdem sie dies dem Polydeukes gekündet hatten, stürzte er herzu, überwand den Idas in einer einzigen Schlacht und gab des Bruders wieder errungenen Leichnam zur Bestattung. Als aber er selbst einen Stern von Zeus empfangen hatte und dem Bruder keiner gewährt worden war, weil Zeus sagte, Kastor und Klytaimnestra seien Sprösslinge vom Samen des Tyndareos, er selbst aber und Helena seien des Zeus Kinder, da bat Polydeukes flehentlich, daß ihm erlaubt sei, sein Geschenk mit dem Bruder zu teilen. Zeus doch erlaubte es.

TANTALUS

Tantalus Iovis et Plutonis filius procreavit ex Dione Pelopem. Iuppiter Tantalo concredere sua consilia solitus erat et ad epulum deorum admittere, quae Tantalus ad homines renuntiavit; ob id dicitur ad inferos in aqua media fine corporis stare semperque sitire et, cum haustum aquae vult sumere, aquam recedere. Item poma ei super caput pendent, quae cum vult sumere, rami vento moti recedunt. Item saxum super caput eius ingens pendet, quod semper timet ne super se ruat.

PELOPS

Pelops Tantali et Diones Atlantis filiae filius cum esset in epulis deorum a Tantalo caesus, bracchium eius Ceres consumpsit, qui a deorum numine vitam recepit; cui cum cetera membra, ut fuerant, coissent, umero non reperto eburneum eius loco Ceres aptavit.

OENOMAUS

Oenomaus Martis et Asteropes Atlantis filiae filius habuit in coniugio Euareten Acrisii filiam, ex qua procreavit Hippodamiam, virginem eximiae formae, quam nulli ideo dabat in coniugium, quod sibi responsum fuit a genero mortem cavere. Itaque cum complures eam peterent in

TANTALOS

Tantalos, des Zeus und der Pluto Sohn, zeugte mit Dione Pelops. Zeus pflegte dem Tantalos seine Pläne anzuvertrauen und ihn zum Mahle der Götter zuzulassen. Tantalos doch hinterbrachte des Zeus Pläne den Menschen. Deshalb steht er, wie man erzählt, in der Hölle mit dem Unterleibe mitten im Wasser und leidet beständig Durst, und wann immer er, um zu schlürfen, Wasser schöpfen will, weicht das Wasser zurück. Desgleichen hangen Obstfrüchte ihm zu Häupten; wenn er diese aber fassen will, weichen die Zweige, vom Winde bewegt, zurück. Desgleichen dräut ein gewaltiger Fels zu seinen Häupten, der ihn stets fürchten läßt, daß er auf ihn herabstürze.

PELOPS

Als Pelops, des Tantalos und der Atlantiade Dione Sohn, beim Mahle der Götter von Tantalos geschlachtet war, verspeiste Demeter einen seiner Arme, doch nach der Götter Willen erlangte er sein Leben wieder. Sobald ihm seine übrigen Glieder, wie sie gewesen, wieder vereinigt waren, während seine Schulter sich nicht hatte wiederfinden lassen, paßte Demeter an Stelle dieser Elfenbein ein.

OINOMAOS

Oinomaos, des Ares und der Atlantiade Asterope Sohn, hatte Euarete, des Akrisios Tochter, zu Gemahl, mit welcher er Hippodameia zeugte, eine Jungfrau äußerster Schöne, welche er deshalb niemandem zur Frau gab, weil er ein Orakel erhalten, er solle sich vor dem Tode von sei-

coniugium, simultatem constituit se ei daturum, qui secum quadrigis certasset victorque exisset, quod is equos aquilone velociores habuit, victus autem interficeretur. Multis interfectis novissime Pelops Tantali filius cum venisset et capita humana super valvas fixa vidisset eorum, qui Hippodamiam in uxorem petierant, paenitere eum coepit regis crudelitatem timens. Itaque Myrtilo aurigae eius persuasit regnumque ei dimidium pollicetur, si se adiuvaret. Fide data Myrtilus currum iunxit et clavos in rotas non coniecit; itaque equis incitatis currum defectum Oenomai equi distraxerunt. Pelops cum Hippodamia et Myrtilo domum victor cum rediret, cogitavit sibi opprobrio futurum et Myrtilo fidem praestare noluit eumque in mare praecipitavit, a quo Myrtoum pelagus est appellatum. Hippodamiam in patriam adduxit suam, quod Peloponnesum appellatur; ibi ex Hippodamia procreavit Hippalcum Atreum Thyesten.

CHRYSIPPUS

Laius Labdaci filius Chrysippum Pelopis filium nothum propter formae dignitatem Nemeae ludis rapuit. quem ab eo Pelops bello recuperavit. Hunc Atreus et Thyestes matris Hippodamiae impulsu interfecerunt. Pelops cum Hippodamiam argueret, ipsa se interfecit.

nes Eidams Hand hüten. Als ziemlich viele sie zur Frau begehrten, beschloß er daher einen Wettstreit und verkündete, er werde sie demjenigen geben, welcher mit ihm zu Wagen um die Palme gefochten und als Sieger hervorgegangen sein werde (denn er besaß Rosse, die schneller flogen als der Nordwind), den Besiegten jedoch werde er töten. Als schon viele den Tod gefunden hatten und zuletzt Pelops, des Tantalos Sohn, gekommen war und die menschlichen Häupter derer, welche nach der Hippodameia Hand getrachtet, über die Türflügel geheftet erblickt hatte, bereute er sein Erscheinen, weil er des Königes Grausamkeit fürchtete. Daher überredete er dessen Wagenlenker Myrtilos und versprach ihm das halbe Königreich, wenn er ihm Beistand leiste. Myrtilos gab sein Treuwort und schirrte den Wagen, doch trieb die Nägel nicht in die Räder. Als die Rosse in gestrecktem Galopp einherflogen, zerrissen sie daher des Oinomaos zerfallenen Wagen. Als Pelops mit Hippodameia und Myrtilos siegreich nach Hause kehrte, dachte er, daß ihm das zur Schande gereichen werde, und wollte dem Myrtilos die Treue nicht halten und stürzte ihn in das Meer hinab, welches nach ihm Myrtoisches Meer genannt ist. Hippodameia aber führte er in sein Vaterland, welches Peloponnes[47] genannt wird. Mit Hippodameia zeugte er dort Hippalkos, Atreus und Thyestes.

CHRYSIPPOS

Laios, des Labdakos Sohn, raubte der berauschenden Schöne seiner Gestalt wegen den Chrysippos, des Pelops Sohn, einen Bastard, gelegentlich der Nemeischen Spiele. Durch einen Krieg erlangte Pelops ihn von jenem zurück. Atreus und Thyestes aber, von ihrer Mutter Hippodameia getrieben, töteten ihn. Als Pelops Hippodameia anklagte, tötete sie sich selbst.

PELOPIDAE

Thyestes Pelopis et Hippodamiae filius, quod cum Aeropa Atrei uxore concubuit, a fratre Atreo de regno est eiectus; at is Atrei filium Plisthenem, quem pro suo educaverat, ad Atreum interficiendum misit, quem Atreus credens fratris filium esse imprudens filium suum occidit.

AEGISTHUS

Thyesti Pelopis et Hippodamiae filio responsum fuit, quem ex filia sua Pelopia procreasset, eum fratris fore ultorem; quod cum audisset filiam compressit et puer est natus, quem Pelopia exposuit, quem inventum pastores caprae subdiderunt ad nutriendum; Aegisthus est appellatus ideo, quod Graece capra aega appellatur.

ATREUS

Atreus Pelopis et Hippodamiae filius cupiens a Thyeste fratre suo iniurias exsequi, in gratiam cum eo rediit et in regnum suum eum reduxit, filiosque eius infantes Tantalum et Plisthenem occidit et epulis Thyesti apposuit. Qui cum vesceretur, Atreus imperavit bracchia et ora puerorum afferri; ob id scelus etiam Sol currum avertit.Thyestes scelere nefario cognito profugit ad regem Thesprotum, ubi lacus Avernus dici-

DIE PELOPIDEN

Weil Thyestes, des Pelops und der Hippodameia Sohn, der Aerope, des Atreus Gattin, beigewohnt, ward er von seinem Bruder gestürzt. Dieser doch sandte des Atreus Sohn Pleisthenes, welchen er wie seinen eigenen erzogen hatte, um Atreus zu töten. Da Atreus glaubte, er sei des Bruders Sohn, tötete er ahnungslos seinen eigenen Sohn.

AIGISTHOS

Thyestes, des Pelops und der Hippodameia Sohn, hatte ein Orakel erhalten, daß der, welchen er mit seiner Tochter Pelopeia gezeugt haben werde, des Bruders Rächer sein werde. Obschon er dies vernommen hatte, tat er seiner Tochter Gewalt an, und ein Knabe ward geboren, welchen Pelopeia aussetzte. Hirten doch fanden ihn und legten ihn unter eine Ziege, auf daß sie ihn nähre. Daher ward er Aigisthos genannt, weil die Ziege zu Griechisch *αἴξ* genannt wird.

ATREUS

Weil Atreus, des Pelops und der Hippodameia Sohn, begehrte, die Unrechtstaten seines Bruders zu rächen, söhnte er sich mit diesem aus, führte ihn in sein Reich zurück, tötete dessen kindliche Söhne Tantalos und Pleisthenes und setzte sie dem Thyestes zum Mahle vor. Als dieser speiste, befahl Atreus, die Arme und Köpfe der Knaben herbeizubringen. Wegen dieses Frevels wandte sogar Helios seinen Wagen. Als Thyestes dieses gottlosen Frevels gewahr geworden, floh er zu König Thesprotos, wo, wie man sagt,

tur esse; inde Sicyonem pervenit, ubi erat Pelopia filia Thyestis deposita; ibi casu nocte, cum Minervae sacrificarent, intervenit, qui timens, ne sacra contaminaret, in luco delituit.Pelopia autem, cum choreas ducit, lapsa vestem ex cruore pecudis inquinavit; quae dum ad flumen exit sanguinem abluere, tunicam maculatam deponit. Capite obducto Thyestes e luco prosiluit et eam compressit. Ea compressione gladium de vagina ei extraxit Pelopia et rediens in templum sub acropodio Minervae abscondit. Postero die rogat regem Thyestes, ut se in patriam Lydiam remitteret. Interim sterilitas Mycenis frugum ac penuria oritur ob Atrei scelus. Ibi responsum est, ut Thyestem in regnum reduceret. Qui cum ad Thesprotum regem isset aestimans Thyestem ibi morari Pelopiam aspexit et rogat Thesprotum ut sibi Pelopiam in coniugium daret, quod putaret eam Thesproti esse filiam. Thesprotus, ne qua suspicio esset, dat ei Pelopiam, quae iam conceptum ex patre Thyeste habebat Aegisthum. Quae cum ad Atreum venisset, parit Aegisthum, quem exposuit; at pastores caprae supposuerunt, quem Atreus iussit perquiri et pro suo educari. Interim Atreus mittit Agamemnonem et Menelaum filios ad quaerendum Thyestem, qui Delphos petierunt sciscitatum. Casu Thyestes eo venerat ad sortes tollendas de ultione fratris; comprehensus ab eis ad Atreum perducitur, quem Atreus in custodiam conici iussit, Aegisthumque vocat aestimans suum filium esse et mittit eum ad Thyestem interficiendum. Thyestes cum vidisset Aegisthum et gladium, quem Aegisthus gerebat, et cognovisset, quem

der See Avernus liegt. Von dort gelangte er nach Sikyon, wo Pelopeia, des Thyestes Tochter, in Sicherheit gebracht war. Als er dort des Nachts, da sie der Athene opferten, zufällig hinzukam, fürchtete er, die Opfer zu entweihen, und verbarg sich im Walde. Als Pelopeia aber den Reigentanz anführt, fiel sie und besudelte ihr Kleid mit dem Blute des Opfertiers. Während sie sich zum Flusse entfernt, das Blut abzuwaschen, legt sie die befleckte Tunika ab. Thyestes sprang verhüllten Hauptes hervor und tat ihr Gewalt an. Während dieses Gewaltaktes zog ihm Pelopeia das Schwert aus der Scheide, kehrte zurück zum Tempel und verbarg es unter der Athena Fußspitze. Am folgenden Tage bat Thyestes den König, ihn in sein Vaterland Lydien zurückzuschicken. Unterdessen verbreiteten sich Mißwachs der Feldfrüchte in Mykene und Mangel wegen des Atreus Frevel. Da erging ein göttlich Wort an Atreus, daß er Thyestes in das Reich zurückführen solle. Als er zu König Thesprotos gegangen war, weil er meinte, Thyestes weile dort, erblickte er Pelopeia und bat Thesprotos, sie ihm zur Frau zu geben, da er glaubte, sie sei des Thesprotos Tochter. Damit nicht irgend Verdacht aufkomme, gab ihm Thesprotos sie, die von ihrem Vater Thyestes bereits Aigisthos empfangen hatte. Nachdem sie zu Atreus gekommen war, gebar sie Aigisthos, welchen sie aussetzte. Doch Hirten legten ihn unter eine Ziege. Atreus befahl, ihn zu suchen und wie ein eigen Kind aufzuziehen. Indes sendet Atreus seine Söhne Agamemnon und Menelaos, um Thyestes zu suchen. Sie aber eilten nach Delphoi, um sich zu erkundigen. Zufällig war auch Thyestes dorthin gekommen, um die Lose zu ziehen betreffs der Rache am Bruder. Er ward von ihnen gefaßt und zu Atreus gebracht. Atreus aber ließ ihn ins Gefängnis werfen, rief Aigisthos, weil er glaubte, dieser sei sein Sohn, und sandte ihn, um Thyestes zu töten. Als Thyestes Aigisthos erblickt und

in compressione perdiderat, interrogat Aegisthum, unde illum haberet. Ille respondit matrem sibi Pelopiam dedisse, quam iubet accersiri. Cui respondit se in compressione nocturna nescio cui eduxisse et ex ea compressione Aegisthum concepisse. Tunc Pelopia gladium arripuit simulans se agnoscere et in pectus sibi detrusit. Quem Aegisthus e pectore matris cruentum tenens ad Atreum attulit. Ille aestimans Thyesten interfectum laetabatur; quem Aegisthus in litore sacrificantem occidit et cum patre Thyeste in regnum avitum redit.

LAOMEDON

Neptunus et Apollo dicuntur Troiam muro cinxisse. his rex Laomedon vovit quod regno suo pecoris eo anno natum esset immolaturum. id votum avaritia fefellit: alii dicunt parum promisisse. ob eam rem Neptunus cetum misit qui Troiam vexaret. ob quam causam rex ad Apollinem misit consultum. Apollo iratus ita respondit: si Troianorum virgines ceto religatae fuissent finem pestilentiae futuram. Cum complures consumptae essent et Hesiones sors exisset et petris religata esset, Hercules et Telamon, cum Colchos Argonautae irent, eodem venerunt et cetum interfecerunt, Hesionenque patri pactis legibus reddunt, ut cum inde rediissent secum in patriam eam abducerent et equos qui super aquas et aristas ambula-

das Schwert, welches Aigisthos trug, und erkannt hatte das Eisen, welches er bei jener Gewalttat verloren, fragte er den Aigisthos, woher er jenes habe. Jener antwortete, seine Mutter Pelopeia habe ihm dies Schwert gegeben, welche er herbeizurufen befiehlt. Sie antwortete ihm, daß sie es bei einer nächtlichen Gewalttat dem Unbekannten entzogen und gelegentlich jenes Gewaltaktes Aigisthos empfangen habe. Da riß Pelopeia das Schwert an sich, sich stellend, als ob sie sich entsinne, und stieß es sich in die Brust hinab. Aigisthos zog es aus der Mutter Brust und brachte das blutige Schwert zu Atreus. Da jener glaubte, Thyestes sei getötet worden, freute er sich. Als er jedoch am Strande opferte, tötete ihn Aigisthos und kehrte mit seinem Vater Thyestes in das angestammte Reich zurück.

LAOMEDON

Poseidon und Apollon sollen Troia mit einer Mauer umgürtet haben. König Laomedon gelobte ihnen, was des Viehs in diesem Jahr in seinem Reiche geboren werde, wolle er opfern. Sein Geiz doch erfüllte dies Gelübde nicht. Andere sagen, zu wenig habe er versprochen. Deshalb sandte Poseidon den Walfisch (Keto), auf daß er Troia heimsuche. Aus diesem Grunde sandte der König zu Apollon um Rat. Der erzürnte Apollon aber gab folgenden Bescheid: Wenn der Troier Jungfrauen dem Walfische [an die Klippe] gebunden seien, werde des Ungemaches ein Ende sein. Als schon ziemlich viele hinweggerafft und der Hesione Los gezogen und sie an die Klippen gebunden war, kamen, da die Argonauten gen Kolchis schifften, Herakles und Telamon ebendort hin und töteten den Walfisch und gaben Hesione ihrem Vater unter der Bedingung zurück, daß sie diese, sobald sie von dort zurückgekehrt,

bant. quod et ipsum Laomedon fraudavit neque Hesionen reddere voluit. itaque Hercules ad eos navibus comparatis ut Troiam expugnaret venit et Laomedontem necavit et Podarci filio eius infanti regnum dedit, qui postea Priamus est appellatus ἀπὸ τοῦ πρίασθαι. Hesionen reciperatam Telamoni concessit in coniugium, ex qua natus est Teucer.

ALEXANDER PARIS

Priamus Laomedontis filius cum complures liberos haberet ex concubitu Hecubae Cissei sive Dymantis filiae, uxor eius praegnans in quiete vidit se facem ardentem parere, ex qua serpentes plurimos exisse. Id visum omnibus coniectoribus cum narratum esset, imperant, quicquid pareret, necaret, ne id patriae exitio foret. Postquam Hecuba peperit Alexandrum, datur interficiendus, quem satellites misericordia exposuerunt; eum pastores pro suo filio repertum expositum educarunt eumque Parim nominaverunt. Is cum ad puberem aetatem pervenisset, habuit taurum in deliciis; quo cum satellites missi a Priamo, ut taurum aliquis adduceret, venissent, qui in athlo funebri, quod ei fiebat, poneretur, coeperunt Paridis taurum abducere. Qui persecutus est eos et inquisivit, quo eum ducerent; illi indicant se eum ad Priamum adducere ei, qui vicisset ludis funebribus Alexandri. Ille amore incensus tauri sui descendit in certamen et omnia vicit, fratres

mit sich in ihr Vaterland wegführen und seine Rosse, welche auf den Wassern und Ähren zu gehen pflegten. Und auch dieses enthielt Laomedon täuschend vor und wollte Hesione nicht zurückgeben. Daher rüstete Herakles Schiffe, um Troia zu erobern, und kam zu diesen und tötete Laomedon und gab die Krone dessen kindlichem Sohne Podarkes, welcher später Priamos genannt ward vom [griechischen Worte] πρίασϑαι (kaufen). Nachdem er aber Hesione wieder erlangt hatte, gestand er sie dem Telamon zu als dessen Gattin, von welcher Teukros stammt.

ALEXANDROS PARIS

Als Priamos, des Laomedon Sohn, schon mehrere Kinder hatte von Hekabe, des Kisseus oder Dymas Tochter, sah seine wiederum schwangere Gattin im Traume sich eine Fackel gebären, aus welcher zahllose Schlangen hervorgekommen. Nachdem man dieses Gesicht allen Traumdeutern erzählt hatte, befehlen sie Hekabe, was auch immer sie gebären werde, zu töten, damit dieses dem Vaterlande nicht zum Untergang gereiche. Als Hekabe Alexandros geboren hatte, wird er zur Tötung übergeben, doch die Knechte setzten ihn, von Mitleid ergriffen, aus; Hirten aber erzogen das Findelkind wie einen eigenen Sohn und nannten ihn Paris. Als dieser in die Jahre der Mannbarkeit gekommen war, fand er großes Wohlgefallen an einem Stier; als die Knechte, welche Priamos ausgesandt hatte, auf daß irgendeiner einen Stier herbeischaffe, damit er bei den Leichenspielen, welche dem Paris dargebracht wurden, ausgesetzt werde, dorthin gekommen waren, machten sie Anstalten, den Stier des Paris fortzuführen. Er verfolgte sie und forschte aus, wohin sie ihn führen; jene offenbarten ihm, daß sie das Tier zu Priamos führen

quoque suos superavit. Indignans Deiphobus gladium ad eum strinxit; at ille in aram Iovis Hercei insiluit; quod cum Cassandra vaticinaretur eum fratrem esse, Priamus eum agnovit regiaque recepit.

PARIDIS IUDICIUM

Iovis cum Thetis Peleo nuberet, ad epulum dicitur omnis deos convocasse excepta Eride, id est Discordia, quae cum postea supervenisset nec admitteretur ad epulum, ab ianua misit in medium malum, dicit, quae esset formosissima, attolleret. Iuno Venus Minerva formam sibi vindicare coeperunt, inter quas magna discordia orta, Iovis imperat Mercurio, ut deducat eas in Ida monte ad Alexandrum Paridem eumque iubeat iudicare. Cui Iuno, si secundum se iudicasset, pollicita est in omnibus terris eum regnaturum, divitem praeter ceteros praestaturum; Minerva, si inde victrix discederet, fortissimum inter mortales futurum et omni artificio scium; Venus autem Helenam Tyndarei filiam formosissimam omnium mulierum se in coniugium dare promisit. Paris donum posterius prioribus anteposuit Veneremque pulcherrimam esse iudicavit; ob id Iuno et Minerva Troianis fuerunt infestae. Alexander Veneris impulsu Helenam a Lacedaemone ab hospite Menelao Troiam abduxit eamque in coniugio habuit cum ancillis duabus Aethra et

für den, welcher siegen werde bei den Leichenspielen des Alexandros. Jener, brennend vor Liebe zu seinem Stier, kam herab zum Wettkampf und siegte in allen Disziplinen, und auch seine Brüder überwand er.[48] Unwillig zog Deiphobos[49] das Schwert gegen ihn; doch jener sprang auf den Altar des Zeus Herkeios[50]; als nun Kassandra[51] weissagte, daß er ihr Bruder sei, erkannte Priamos ihn an und nahm ihn in den Palast auf.

DAS URTEIL DES PARIS

Als Thetis den Peleus heiratete, soll Zeus alle Götter zum Hochzeitsmahle zusammengerufen haben außer Eris, das ist Discordia, die Zwietracht, welche, da sie später dazugekommen war und nicht eingelassen wurde zum Mahle, von der Türe aus mitten hinein einen Apfel schleuderte und sagt, welche die Schönste sei, solle ihn aufheben. Hera, Aphrodite und Athene begannen, für sich zu beanspruchen (die größte) Schönheit, und so entstand unter ihnen große Zwietracht. Zeus gebietet also dem Hermes, jene auf den Berg Ida zu Alexandros Paris hinabzuführen und diesem zu befehlen, als Schiedsrichter aufzutreten. Hera versprach ihm, er werde in allen Landen herrschen, an Reichtum allen voranstehen, falls er das Urteil zu ihren Gunsten fälle, Athene aber, er werde, falls sie als Siegerin entschreite, der tüchtigste unter den Sterblichen sein und in jeder Kunst kundig; Aphrodite jedoch sicherte zu, daß sie ihm Helena, des Tyndareos Tochter, die schönste aller Frauen, zur Gattin gebe. Paris zog das letztere Geschenk den ersteren vor und urteilte, Aphrodite sei die Schönste. Deshalb wurden Hera und Athene den Troianern feindlich. Alexandros aber entführte auf Betreiben der Aphrodite Helena von seinem Gastfreund Menelaos, brachte sie nach Troia und nahm sie zur Frau; bei ihr aber waren

Thisadie, quas Castor et Pollux captivas ei assignarant, aliquando reginas.

CASSANDRA

Cassandra Priami et Hecubae filia in Apollinis fano ludendo lassa obdormisse dicitur; quam Apollo cum vellet comprimere, corporis copiam non fecit. Ob quam rem Apollo fecit, ut, cum vera vaticinaretur, fidem non haberet.

ANCHISA

Venus Anchisam Assaraci filium amasse et cum eo concubuisse dicitur, ex quo procreavit Aeneam eique praecepit, ne id apud homines enuntiaret. Quod Anchises inter sodales per vinum est elocutus. Ob id a Iove fulmine est ictus. Quidam dicunt eum sua morte obisse.

ULIXES

Agamemnon et Menelaus Atrei filii cum ad Troiam oppugnandam coniuratos duces ducerent, in insulam Ithacam ad Ulixem Laertis filium venerunt, cui erat responsum, si ad Troiam isset, post vicesimum annum solum sociis perditis egentem domum rediturum. Itaque cum sciret ad se oratores venturos, insaniam simulans pileum sumpsit et equum cum bove iunxit ad arat-

ihre beiden Mägde Aithra[52] und Thisadie, welche Kastor und Polydeukes[53] als Gefangene ihr überantwortet hatten, doch einst Königinnen gewesen waren.

KASSANDRA

Kassandra, des Priamos und der Hekabe Tochter, soll, vom Spiel ermattet, im Tempel des Apollon eingeschlafen sein. Als Apollon ihr beiwohnen wollte, bot sie ihm ihren Leib nicht dar. Deshalb wirkte Apollon, daß, obschon sie Wahres weissagte, sie keinen Glauben fand.

ANCHISES

Aphrodite soll Anchises, des Assarakos Sohn, geliebt, mit ihm das Lager geteilt, von ihm Aineias geboren und ihm befohlen haben, dies bei den Menschen nicht bekannt zu machen. Beim Weine unter seinen Kameraden aber redete Anchises es heraus. Deshalb ward er von Zeus mit dem Blitz erschlagen. Manche sagen, er sei von eigener Hand gestorben.

ODYSSEUS

Als Agamemnon und Menelaos, des Atreus Söhne, die eidlich verbündeten Heerführer zur Bestürmung Troias führten, kamen sie auf die Insel Ithaka zu Odysseus, des Laertes Sohn, welcher ein Orakel erhalten, wenn er nach Toia gezogen sein werde, werde er, seiner Gefährten verlustig, erst nach zwanzig Jahren allein und Mangel leidend nach Hause zurückkehren. Als er wußte, daß Gesandte zu ihm kommen werden, gab er daher Wahnsinn vor, nahm

rum. Quem Palamedes ut vidit, sensit simulare atque Telemachum filium eius cunis sublatum aratro ei subiecit et ait „Simulatione deposita inter coniuratos veni.“ Tunc Ulixes fidem dedit se venturum; ex eo Palamedi infestus fuit.

ACHILLES

Thetis Nereis cum sciret Achillem filium suum, quem ex Peleo habebat, si ad Troiam expugnandam isset, periturum, commendavit eum in insulam Scyron ad Lycomedem regem, quem ille inter virgines filias habitu femineo servabat nomine mutato; nam virgines Pyrrham nominarunt, quoniam capillis flavis fuit et Graece rufum πύρρον dicitur. Achivi autem cum rescissent ibi eum occultari, ad regem Lycomeden oratores miserunt, qui rogarent, ut eum adiutorium Danais mitteret. Rex cum negaret apud se esse, potestatem eis fecit, ut in regia quaererent. Qui cum intellegere non possent, quis esset eorum, Ulixes in regio vestibulo munera feminea posuit, in quibus clipeum et hastam, et subito tubicinem iussit canere armorumque crepitum et clamorem fieri iussit. Achilles hostem arbitrans adesse vestem muliebrem dilaniavit atque clipeum et hastam arripuit. Ex hoc est cognitus suasque operas Argivis promisit et milites Myrmidones.

die Filzkappe und schirrte ein Roß mit einem Rinde vor den Pflug. Als Palamedes ihn sah, merkte er, daß er simuliere, nahm dessen Sohn Telemachos aus der Wiege, legte ihn ihm unter den Pflug und sagte: „Laß ab von deiner Verstellung und komme unter die Verbündeten.“ Da gab Odysseus sein Treuwort, daß er kommen werde. Infolge dessen doch war er dem Palamedes feind.

ACHILLEUS

Weil die Nereide Thetis wußte, daß ihr Sohn Achilleus, welchen sie von Peleus hatte, zugrunde gehen werde, wenn er zur Eroberung Troias ausziehe, ließ sie ihn auf die Insel Skyros zu König Lykomedes bringen. Jener barg ihn unter seinen jungfräulichen Töchtern in weiblichem Kleid und unter geändertem Namen. Denn die Maiden nannten ihn Pyrrha, da er rotblondes Haar trug und zu Griechisch das Rotblond πύρρον genannt wird. Als die Argeier aber dahintergekommen waren, daß er dort verborgen werde, schickten sie Gesandte zu König Lykomedes, welche bitten sollten, ihn den Danaiern zu Hilfe zu senden. Der König leugnete, daß er bei ihm sei, doch verstattete ihnen, im Palaste zu suchen. Weil sie nicht zu erkennen vermochten, wer der Anwesenden er sei, stellte Odysseus weiblicher Natur gefällige Gaben in die königliche Vorhalle, darunter den ehernen Rundschild und die Lanze, und befahl dem Feldbläser, unverhofft zu tönen, und gebot, Waffenlärm und Geschrei laut werden zu lassen. In der Meinung aber, daß ein Feind anrücke, zerfetzte Achilleus das Weiberkleid und riß Schild wie Lanze an sich. Daran doch ward er erkannt. Er versprach den Argeiern seine Hilfe und seine Soldaten, die Myrmidonen.

IPHIGENIA

Agamemnon cum Menelao fratre Achaiae delectis ducibus Helenam uxorem Menelai, quam Alexander Paris avexerat, repetitum ad Troiam cum irent, in Aulide tempestas eos ira Dianae retinebat, quod Agamemnon in venando cervam eius violavit superbiusque in Dianam est locutus. Is cum haruspices convocasset et Calchas se respondisset aliter expiare non posse, nisi Iphigeniam filiam Agamemnonis immolasset, re audita Agamemnon recusare coepit. Tunc Ulixes eum consiliis ad rem pulchram transtulit; idem Ulixes cum Diomede ad Iphigeniam missus est adducendam, qui cum ad Clytaemnestram matrem eius venisset, ementitur Ulixes eam Achilli in coniugium dari. Quam cum in Aulidem adduxisset et parens eam immolare vellet, Diana virginem miserata est et caliginem eis obiecit cervamque pro ea supposuit Iphigeniamque per nubes in terram Tauricam detulit ibique templi sui sacerdotem fecit.

AUGE

Auge Alei filia ab Hercule compressa cum partus adesset in monte Parthenio peperit et ibi eum exposuit. Eodem tempore Atalante Iasii filia filium exposuit ex Meleagro natum, Herculis autem filium cerva nutriebat. hos pastores inventos sustulerunt atque nutrierunt, quibus nomina imposuerunt Herculis filio Telephum,

IPHIGENEIA

Als Agamemnon mit seinem Bruder Menelaos und den erkorenen Führern Achaias gen Troia zog, um Helena, des Menelaos Gattin, welche Alexandros Paris weggeführt, zurückzufordern, hielt sie wegen des Zornes der Artemis ein Unwetter in Aulis zurück, denn Agamemnon hatte auf einer Jagd derselben Hindin verletzt und ziemlich hochmütig wider Artemis geredet. Als er die Eingeweideschauer zusammengerufen und Kalchas Bescheid gegeben hatte, er könne sie nur besänftigen, wenn er Iphigeneia, des Agamemnon Tochter, opfere, weigerte Agamemnon, nachdem er den Sachverhalt vernommen hatte, sich anfänglich. Da brachte ihn Odysseus durch seine Ratschläge auf eine vortreffliche Sache. Derselbe Odysseus ward mit Diomedes ausgesandt, um Iphigeneia herbeizuholen. Als er zu ihrer Mutter Klytaimnestra gekommen war, gab Odysseus fälschlich vor, daß sie dem Achilleus zur Frau gegeben werde. Da sie nach Aulis gebracht worden war und der Vater sie opfern wollte, fühlte Artemis Mitleid mit der Jungfrau, warf dichten Nebel um sie, legte an ihre Statt eine Hindin, trug Iphigeneia durch Wolkendunkel nach der taurischen Scholle hinfort und machte sie dort zu ihres Tempels Priesterin.

AUGE

Auge, des Aleos Tochter, war von Herakles Gewalt angetan worden. Als die Stunde der Niederkunft da war, gebar sie auf dem Partheniongebirge und setzte das Neugeborene dort aus. Zu der nämlichen Zeit aber setzte Atalante, des Iasios Tochter, ihren Sohn von Meleagros aus, des Herakles Sohn doch nährte eine Hindin. Hirten fanden sie, nahmen sie auf und nährten sie. Sie gaben ih-

quoniam cerva nutrierat: Atalantes autem Parthenopaeum, quoniam virginem simulans Atalante in monte Parthenio eum exposuerat. Ipsa autem Auge patrem suum timens profugit in Mysiam ad regem Teuthrantem, qui cum esset orbus liberis hanc pro filia habuit.

TEUTHRAS

Teuthrantem regem in Mysia Idas Apharei filius regno privare voluit. quo cum Telephus Herculis filius ex responso quaerens matrem cum comite Parthenopaeo venisset, huic Teuthras regnum et filiam Augen in coniugium daturum promisit, si se ab hoste tutasset. Telephus conditionem regis non praetermisit, cum Parthenopaeo Idam uno proelio superavit. cui rex pollicitam fidem praestitit regnumque et Augen matrem inscientem in coniugium dedit. Quae cum mortalem neminem vellet suum corpus violare Telephum interficere voluit inscia filium suum. itaque cum in thalanum venissent, Auge ensem sumpsit ut Telephum interficeret. tum deorum voluntate dicitur draco immani magnitudine inter eos exisse, quo viso Auge ensem proiecit et Telepho inceptum patefecit. Telephus re audita inscius matrem interficere voluit: illa Herculem violatorem suum imploravit et ex eo Telephus matrem agnovit et in patriam suam reduxit.

nen Namen, dem Sohne des Herakles [den Namen] Telephos, da [ihn] ja eine Hindin genährt hatte, der Atalante [Sohn] aber [den Namen] Parthenopaios, da ihn Atalante ja, Jungfräulichkeit heuchelnd, auf dem Berge Parthenios ausgesetzt hatte. Auge selbst jedoch, ihren Vater fürchtend, floh nach Mysien zu König Teuthras, welcher, weil er kinderlos war, diese an Tochters Statt annahm.

TEUTHRAS

Idas, des Aphareus Sohn, wollte zu Mysien König Teuthras des Thrones berauben. Als Telephos, des Herakles Sohn, gemäß einem Oraklspruche nach seiner Mutter suchend, mit seinem Gefährten Parthenopaios dorthin gekommen war, versprach ihm Teuthras, daß er ihm die Krone und seine Tochter Auge zu Gemahl geben werde, falls er ihn vor seinem Feinde schütze. Telephos schlug des Königes Anbegot nicht aus und überwand zusammen mit Parthenopaios den Idas in einem einzigen Gefechte. Der König hielt sein Treuwort und gab ihm die Krone sowie Auge, seine ahnungslose Mutter, zu Gemahl. Da diese wollte, daß kein Sterblicher ihren Leib entehre, gedachte sie Telephos zu töten, nicht wissend, daß er ihr Sohn. Nachdem sie ins Brautgemach gekommen waren, nahm Auge also ein Schwert, um Telephos zu töten. Daraufhin soll gemäß der Götter Willen eine Schlange gewaltiger Größe zwischen jene hervorgekrochen sein. Als aber Auge diese erblickt hatte, warf sie das Schwert zu Boden und eröffnete dem Telephos ihr Beginnen. Da Telephos den Sachverhalt vernommen, wollte der Unwissende seine Mutter töten. Jene doch rief flehentlich des Herakles, ihres Schänders, Beistand an, und daran erkannte Telephos seine Mutter und führte sie in ihr Vaterland zurück.

TELEPHUS

Telephus Herculis et Auges filius ab Achille in pugna Chironis hasta percussus dicitur. ex quo vulnere cum in dies tetro cruciatu angeretur petit sortem ab Apolline, quod esset remedium: responsum est ei neminem mederi posse, nisi eandem hastam qua vulneratus erat. hoc Telephus ubi audivit ad regem Agamemnonem venit et monitu Clytemnestrae Orestem infantem de cunabulis rapuit minitans, se eum occisurum, nisi sibi Achivi mederentur. Achivis autem quod responsum erat, sine Telephi ductu Troiam capi non posse, facile cum eo in gratiam redierunt et ab Achille petierunt, ut eum sanaret. quibus Achilles respondit, se artem medicam non nosse. tunc Ulysses ait: ‚non te dicit Apollo, sed auctorem vulneris hastam nominat'. quam cum rasissent remediatus est. a quo cum peterent, ut secum ad Troiam expugnandam iret, non impetrarunt, quod is Laodicen Priami filiam uxorem haberet. sed ob beneficium quod eum sanarunt eos deduxit. locos autem et itinera demonstravit, inde in Mysiam est profectus.

PHILOCTETES

Philoctetes Poeantis et Demonassae filius cum in insula Lemno esset, coluber eius pedem percussit, quem serpentem Iuno miserat, irata ei ob

TELEPHOS

Telephos, des Herakles und der Auge Sohn, soll in einer Schlacht von Achilleus mit dem Speere des Cheiron durchbohrt worden sein. Weil er infolge dieser Verletzung täglich von abscheulicher Marter gequält ward, erbat er von Apollon einen Orakelspruch, welches Heilmittel es gebe. Ihm doch ward beschieden, niemand könne ihn heilen außer der nämliche Speer, von welchem er verwundet worden war. Sobald Telephos dies vernommen hatte, kam er zu König Agamemnon und raffte auf Bedeuten der Klytaimnestra den kindlichen Orestes aus der Wiege, drohend, er werde ihn töten, wenn die Achaier ihn nicht heilen. Weil den Achaiern doch beschieden war, ohne des Telephos Führung könne Troia nicht genommen werden, söhnten sie sich willig mit jenem aus und erbaten von Achilleus, daß er jenen heile. Achilleus antwortet ihnen, daß er die medizinische Kunst nicht beherrsche. Daraufhin sagte Odysseus: „Nicht dich meint Apollon, sondern deinen Speer nennt er, der Wunde Urheber." Nachdem sie diesen gereinigt hatten, wurde er geheilt. Als sie von jenem aber erbaten, daß er mit ihnen zur Eroberung Troias ausziehe, vermochten sie's nicht zu erwirken, weil er Laodike, des Priamos Tochter, zu Gemahl hatte. Doch ob der Wohltat, daß sie ihn geheilt, geleitete er sie. Er zeigte ihnen aber das Gelände und die Wege, hierauf allerdings zog er [wieder] nach Mysien.

PHILOKTETES

Als Philoktetes, des Poias und der Demonassa Sohn, auf der Insel Lemnos weilte, durchbohrte seinen Fuß eine Schlange, welche Hera gesandt, die ihm zürnte, da er als

id, quia solus praeter ceteros ausus fuit Herculis pyram construere, cum humanum corpus est exutus et ad immortalitatem traditus. Ob id beneficium Hercules suas sagittas divinas ei donavit. Sed cum Achivi ex vulnere taetrum odorem ferre non possent, iussu Agamemnonis regis in Lemno expositus est cum sagittis divinis; quem expositum pastor regis Actoris nomine Iphimachus Dolopionis filius nutrivit. Quibus postea responsum est sine Herculis sagittis Troiam capi non posse. Tunc Agamemnon Ulixem et Diomedem exploratores ad eum misit; cui persuaserunt, ut in gratiam rediret et ad expugnandam Troiam auxilio esset, eumque secum sustulerunt.

PROTESILAUS ET LAODAMIA

Achivis fuit responsum, qui primus littora Troianorum attigisset periturum. cum Achivi classes applicuissent, ceteris cunctantibus Iolaus Iphicli et Diomedeae filius primus e navi prosilivit: qui ab Hectore confestim est interfectus. quem cuncti appellarunt Protesilaum, quoniam primus ex omnibus perierat. - Quod uxor Laodamia Acasti filia cum audisset eum perisse, flens petit a diis, ut sibi cum eo tres horas colloqui liceret. quo impetrato a Mercurio reductus tres horas cum eo collocuta est. quod cum tres horas consumpsisset, quas a diis petierat, iterum cum obisset Protesialus, fletum et dolorem pati non potuit Laodamia. itaque fecit simulacrum aereum simile Protesilai coniugis et

einziger von den übrigen allen gewagt hatte, des Herakles Scheiterhaufen zu errichten, als sein menschlicher Leib abgelegt und zur Unsterblichkeit übergeben ward. Dieses Liebesdienstes wegen schenkte Herakles ihm seine göttlichen Pfeile. Doch als die Argeier den häßlichen Gestank aus seiner Wunde nicht mehr ertragen konnten, ward er auf des Königes Agamemnon Befehl auf Lemnos ausgesetzt mitsamt den göttlichen Pfeilen. Den Ausgesetzten aber nährte ein Hirte des Königes Aktor namens Iphimachos, des Dolopion Sohn. Später doch erhielten sie göttlichen Bescheid, ohne des Herakles Pfeile könne Troia nicht genommen werden. Da sandte Agamemnon Odysseus und Diomedes als Kundschafter zu ihm. Sie überredeten ihn, sich zu versöhnen und bei der Eroberung Troias Hilfe zu leisten, und nahmen ihn mit.

PROTESILAOS UND LAODAMEIA

Den Achaiern war beschieden, jener, welcher als erster die Küste der Troier rühre, werde fallen. Nachdem die Achaier ihre Flotten gelandet hatten, sprang, während die übrigen zauderten, Iolaos, des Iphikles und der Diomedeia Sohn, als erster aus dem Schiffe: Er ward sogleich von Hektor getötet. Alle nannten ihn Protesilaos, da er ja als erster von allen gefallen war. Als seine Gattin Laodameia, des Akastos Tochter, vernommen hatte, daß er gefallen sei, erbat sie weinend von den Göttern, daß ihr verstattet werde, sich drei Stunden mit jenem zu unterreden. Nachdem sie dies erwirkt hatte und er von Hermes war zurückgeführt worden, unterredete sie sich drei Stunden mit ihm. So sie aber die drei Stunden aufgezehrt hatte, welche von den Göttern sie erbeten, und Protesilaos wieder verschieden war, vermochte Laodameia das Weinen und den Schmerz nicht [für-

in thalamis posuit sub simulatione sacrorum et eum colere coepit. quod cum famulus matutino tempore poma ei attulisset ad sacrificium, per rimam aspexit viditque eam Protesilai simulacrum tenentem atque osculantem: existimans eam adulterum habere Acasto patri nuntiavit. qui cum venisset et in thalamos irrupisset vidit effigiem Protesilai. quae ne diutius torqueretur, iussit signum et sacra pyra facta comburi: quo se Laodamia dolorem non sustinens immisit atque usta est.

PALAMEDES

Ulysses quod Palamedis Nauplii filii dolo erat deceptus, in dies machinabatur, quomodo eum interficeret. tandem inito consilio ad Agamemnonem militem suum misit, qui diceret ei, in quiete vidisse, ut castra uno die moverentur. id Agamemnon verum existimans castra uno die imperat moveri. Ulysses autem clam noctu solus magnum pondus auri, ubi tabernaculum Palamedis fuerat, obruit; item epistolam conscriptam Phrygi captivo ad Priamum dat perferendam, militemque suum priorem mittit, qui eum non longe a castris interficeret. Postero die cum exercitus in castra rediret, quidam miles epistolam, quam Ulysses scripserat, super cadaver Phrygis positam ad Agamemnonem attulit.

der] zu ertragen. Daher schuf sie ein ehern Bildnis, ihrem Gatten Protesilaos ähnlich, und stellte es im Schlafgemache auf unter dem Scheine heiligen Gebrauches und begann, ihn zu verehren. Als [einst] ein Diener zu morgendlicher Stunde ihr Baumfrüchte herbeibrachte zum Opfer, blickte er durch eine Ritze und gewahrte, wie jene des Protesilaos Bildnis in ihren Armen hielt und küßte. Wähnend, sie habe einen Buhlen, erstattete er ihrem Vater Meldung. Als dieser erschienen und ins Schlafgemach eingedrungen war, sah er das Abbild des Protesilaos. Damit jene sich nicht länger quäle, gebot er, daß ein Scheiterhaufen errichtet und das Bildnis sowie die Opfergaben verbrannt werden. Laodameia aber vermochte ihren Schmerz nicht [fürder] zu ertragen und stürzte sich hinein in das Feuer und ward von den Flammen verzehrt.

PALAMEDES

Weil Odysseus durch die List des Palamedes, des Nauplios Sohn, war getäuscht worden, sann er täglich, wie er diesen töten könne. Endlich fiel der Plan bei, und er sandte zu Agamemnon seinen Soldaten, welcher jenem sagen sollte, er habe im Traume gesehen, daß die Lager innerhalb eines Tages abgebrochen werden. Dies hält Agamemnon für wahr und gebeut, daß die Lager innerhalbs eines Tages abgebrochen werden. Odysseus aber vergräbt des Nachts allein und heimlich eine große Menge des Goldes, wo des Palamedes Zelt gewesen war; ebenso verfaßt er einen Brief, gibt ihn einem phrygischen Kriegsgefangenen zur Überbringung an Primos und entsendet zuvor seinen Soldaten, damit er ihn nicht weit vom Lager töte. Als am folgenden Tage das Heer in die Lager zurückkehrte, brachte ein gewisser Soldat den Brief, welchen Odysseus

in qua scriptum fuit: PALAMEDEI A PRIAMO MISSA, tantumque ei auri pollicetur, quantum Ulysses in tabernaculum obruerat, si castra Agamemnonis ut ei convenerat proderet. Itaque Palamedes cum ad regem esset productus et factum negaret, in tabernaculum eius ierunt et aurum effoderunt. quod Agamemnon ut vidit vere factum esse credidit. quo facto Palamedes dolo Ulyssis deceptus ab exercitu universo innocens occisus est.

HECTORIS LYTRA

Agamemnon Briseidam Brisae sacerdotis filiam ex Moesia captivam propter formae dignitatem, quam Achilles ceperat, ab Achille abduxit eo tempore, quo Chryseida Chrysi sacerdoti Apollinis Zminthei reddidit; quam ob iram Achilles in proelium non prodibat, sed cithara in tabernaculo se exercebat. Quod cum Argivi ab Hectore fugarentur, Achilles obiurgatus a Patroclo arma sua ei tradidit, quibus ille Troianos fugavit aestimantes Achillem esse, Sarpedonemque Iovis et Europae filium occidit. Postea ipse Patroclus ab Hectore interficitur, armaque eius sunt detracta Patroclo occiso. Achilles cum Agamemnone redit in gratiam Briseidamque ei reddidit. Tum contra Hectorem cum inermis prodisset, Thetis mater a Vulcano arma ei impetravit, quae Nereides per mare attulerunt. Quibus armis ille Hectorem occidit astrictumque ad currum traxit circa muros Troianorum, quem sepeliendum cum patri nollet dare, Priamus Iovis iussu

geschrieben hatte, auf den Leichnam des Phrygers gelegt, zu Agamemnon. In diesem doch stand geschrieben: „Dem Palamedes von Priamos gesandt“, und er verspricht ihm so viel des Goldes, wie viel Odysseus in dem Zelte vergraben hatte, falls er die Lager des Agamemnon, wie mit ihm vereinbart, verrate. Da Palamedes also zum Könige war geführt worden und die Tat leugnete, gingen sie in sein Zelt und gruben aus das Gold. Sobald Agamemnon dieses sah, glaubte er, es sei in der Tat geschehen. Deshalb ward Palamedes, durch des Odysseus List getäuscht, vom ganzen Heere ein Unschuldiger getötet.

DES HEKTOR AUSLÖSUNG

Agamemnon führte Briseis, des Priesters Brises Tochter, eine Gefangene aus Moisien, welche Achilleus erbeutet hatte, wegen der Anmut ihrer Gestalt von Achilleus fort zu jener Zeit, da er Chryseis Chryses, dem Priester des Apollon Smintheus, zurückgab. Seines Zornes wegen zog Achilleus nicht mehr in die Schlacht, sondern übte sich in seinem Zelte auf der Kithara. Als die Argeier von Hektor in die Flucht geschlagen wurden, übergab Achilleus, von Patroklos im Tone des Vorwurfs aufgefordert, diesem seine Waffen, mit welchen jener die Troianer in die Flucht schlug, weil sie meinten, er sei Achilleus, und Sarpedon, des Zeus und der Europa Sohn, tötete. Später wird Patroklos selbst von Hektor gefällt. Da Patroklos aber erschlagen lag, wurden ihm dessen Waffen abgenommen. Achilleus söhnte sich mit Agamemnon aus, und der gab ihm Briseis zurück. Als er hierauf unbewaffnet wider Hektor hervorgetreten war, erlangte seine Mutter Thetis von Hephaistos für ihn Waffen, welche Nereiden durch das Meer herantrugen. Mit diesen Waffen tötete jener den Hektor, band ihn an seinen Wagen und schleifte ihn um

duce Mercurio in castra Danaorum venit et filii corpus auro repensum accepit, quem sepulturae tradidit.

ARMORUM IUDICIUM

Hectore sepulto cum Achilles circa moenia Troianorum vagaretur ac diceret se solum Troiam expugnasse, Apollo iratus Alexandrum Parin se simulans talum, quem mortalem habuisse dicitur, sagitta percussit et occidit. Achille occiso ac sepulturae tradito Aiax Telamonius, quod frater patruelis eius fuit, postulavit a Danais, ut arma sibi Achillis darent; quae ei ira Minervae abiurgata sunt ab Agamemnone et Menelao et Ulixi data. Aiax furia accepta per insaniam pecora sua et se ipsum vulneratum occidit eo gladio, quem ab Hectore muneri accepit, dum cum eo in acie contendit.

EQUUS TROIANUS

Achivi cum per decem annos Troiam capere non possent, Epeus monitu Minervae equum mirae magnitudinis ligneum fecit eoque sunt collecti Menelaus Ulixes Diomedes Thessander Sthenelus Acamas Thoas Machaon Neoptolemus; et in equo scripserunt DANAI MINERVAE DONO DANT, castraque transtulerunt Tenedo. Id Troiani cum viderunt arbitrati sunt hostes abisse;

der Troianer Mauern. Als er ihn dem Vater nicht zur Bestattung übergeben wollte, kam Priamos auf Geheiß des Zeus unter Führung des Hermes ins Lager der Danaer, erhielt des Sohnes Leichnam, nachdem er ihn mit Gold aufgewogen hatte, und übergab ihn zur Bestattung.

ENTSCHEIDUNG ÜBER DIE WAFFEN

Als Achilleus nach des Hektor Bestattung um der Troianer Mauern schwiff und sagte, er allein habe Troia erobert, geriet Apollon in Zorn, nahm des Alexandros Paris Gestalt an und durchbohrte seine Ferse, welche dem Tode zugänglich gewesen sein soll, mit seinem Pfeil und tötete ihn. Nachdem Achilleus gefällt und zur Bestattung übergeben war, forderte der Telamonier Aias, weil er dessen Vaters Brudersohn war, von den Danaiern, daß sie ihm des Achilleus Waffen geben. Wegen des Zornes der Athene wurden sie ihm von Agamemnon und Menelaos aber verweigert und dem Odysseus gegeben. Aias jedoch, in Raserei verfallen, tötete im Wahnsinn sein Vieh und stürzte sich selbst verwundet in jenes Schwert, welches er von Hektor zu Geschenk empfangen, da er mit ihm in der Schlacht focht.

DAS TROIANISCHE PFERD

Als die Achaier durch zehn Jahre hin Troia nicht einnehmen konnten, schuf Epeios auf Anweisung der Athene ein hölzernes Pferd wunderbarer Größe. In diesem aber scharten sich zusammen Menelaos, Odysseus, Diomedes, Thessandros, Sthenelos, Akamas, Thoas, Machaon und Neoptolemos. Und auf das Pferd schrieben sie: „Die Danaier geben es der Athene zu Geschenke“. Daraufhin verlegten sie die Lager nach Tenedos. Sobald die Troianer

Priamus equum in arcem Minervae duci imperavit, feriatique magno opere ut essent, edixit; id vates Cassandra cum vociferaretur inesse hostes, fides ei habita non est. Quem in arcem cum statuissent et ipsi noctu lusu atque vino lassi obdormissent, Achivi ex equo aperto a Sinone exierunt et portarum custodes occiderunt sociosque signo dato receperunt et Troia sunt potiti.

ILIONA

Priamo Polydorus filius ex Hecuba cum esset natus, Ilionae filiae suae dederunt eum educandum, quae Polymnestori regi Thracum erat nupta, quem illa pro filio suo educavit; Deipylum autem, quem ex Polymnestore procreaverat, pro suo fratre educavit, ut, si alteri eorum quid foret, parentibus praestaret. Sed cum Achivi Troia capta prolem Priami exstirpare vellent, Astyanacta Hectoris et Andromachae filium de muro deiecerunt et ad Polymnestorem legatos miserunt, qui ei Agamemnonis filiam nomine Electram pollicerentur in coniugium et auri magnam copiam, si Polydorum Priami filium interfecisset. Polymnestor legatorum dicta non repudiavit Deipylumque filium suum imprudens occidit arbitrans se Polydorum filium Priami interfecisse. Polydorus autem ad oraculum Apollinis de parentibus suis sciscitatum est profectus, cui responsum est patriam incensam, patrem occisum, matrem in servitute teneri. Cum inde rediret et vidit aliter esse ac sibi res-

das sahen, glaubten sie, die Feinde seien abgezogen. Priamos befahl, das Pferd auf die Burg der Athene zu führen, und gebot, daß sie feiern sollten mit großer Zurüstung. Als die Seherin Kassandra laut rief, daß die Feinde darin seien, ward ihr nicht geglaubt. Nachdem sie das Pferd in der Burg aufgestellt hatten und selbst des Nachts, von Spiel und Wein erschöpft, eingeschlafen waren, stiegen die Achaier aus dem Pferde, das Sinon geöffnet hatte, töteten der Tore Wächter, ließen die Gefährten auf ein gegeben Zeichen ein und bemächtigten sich Troias.

ILIONE

Als dem Priamos von Hekabe Polydoros als jüngster Sohn geboren worden war, übergaben sie ihn zur Erziehung ihrer Tochter Ilione, welche Polymnestor, den König der Thraker, geheiratet hatte. Sie aber erzog ihn wie ihren eigenen Sohn. Deipylos jedoch, welchen sie von Polymnestor geboren hatte, erzog sie wie ihren Bruder, auf daß sie, falls dem einen der beiden etwas widerfahren sollte, den anderen ihren Eltern geben könne. Doch als die Achaier nach der Eroberung Troias die Nachkommenschaft des Priamos ausrotten wollten, warfen sie Astyanax, des Hektor und der Andromache Sohn, von der Mauer und schickten Gesandte zu Polymnestor, welche ihm die Hand Elektras, des Agamemnon Tochter, versprechen sollten und des Goldes eine große Menge, falls er Polydoros, des Priamos Sohn, töte. Polymnestor wies der Gesandten Ansinnen nicht zurück und erschlug, ohne es zu wissen, seinen Sohn Deipylos, glaubend, er habe Polydoros, des Priamos Sohn, getötet. Polydoros aber brach zum Orakel des Apollon auf, um betreffs seiner Eltern nachzufragen. Da ward ihm Bescheid, seine Vaterstadt stehe in Flammen, sein Vater sei getötet, seine Mutter werde in Sklavenketten gehalten. Als

ponsum fuit ratus se Polymnestoris esse filium, ab sorore Ilionea inquisivit, quid ita aliter sortes dixissent; cui soror, quid veri esset, patefecit et eius consilio Polymnestorem luminibus privavit atque interfecit.

POLYXENA

Danai victores cum ab Ilio classem conscenderent et vellent in patriam suam quisque reverti et praedam quisque sibi duceret, ex sepulcro vox Achillis dicitur praedae partem expostulasse. Itaque Danai Polyxenam Priami filiam, quae virgo fuit formosissima, propter quam Achilles cum eam peteret et ad colloquium venisset ab Alexandro et Deiphobo est occisus, ad sepulcrum eius eam immolaverunt.

HECUBA

Ulysses Hecubam Cissei filiam, vel ut alii auctores dicunt Dymantis, Priami uxorem, Hectoris matrem in servitutem cum duceret, illa in Hellespontum mare se praecipitavit et canis dicitur facta esse, unde et cyneum est appellatum.

NAUPLIUS

Ilio capto et divisa praeda Danai cum domum redirent, ira deorum, quod fana spoliaverant et quod Cassandram Aiax Locrus a signo Palladio

er von dort zurückkehrte und sah, daß anders es sich verhalte, als ihm beschieden, da er meinte, des Polymnestor Sohn zu sein, fragte er seine Schwester Ilione, weshalb so anders die Lose gesprochen haben. Da eröffnete ihm seine Schwester die Wahrheit, und auf deren Rat hin beraubte er Polymnestor des Augenlichtes und mordete ihn.

POLYXENA

Als die siegreichen Danaier zu Ilion ihre Schiffe bestiegen und ein jeder in sein Vaterland zurückkehren wollte und ein jeder seine Beute sich abwog, soll des Achilleus Stimme aus seinem Grabe heraus der Beute einen Teil eingefordert haben. Daher opferten die Danaier bei dessen Grabe Polyxena, des Priamos Tochter, die eine wunderschöne Jungfrau war, welcher wegen Achilleus, da er nach ihr trachtete und sich zu einer Unterredung eingefunden hatte, von Alexandros und Deiphobos getötet wurde.

HEKABE

Als Odysseus Hekabe, des Kisseus Tochter oder, wie andere Autoren sagen, des Dymas, des Priamos Gattin, des Hektor Mutter, in Knechtschaft führte, stürzte jene sich in den Hellespont und ward, wie man sagt, eine Hündin, woher dies Meer auch Hundsmeer genannt ist.

NAUPLIOS

Als die Danaier nach der Eroberung Troias und der Beute Teilung die Heimfahrt antraten, erlitten sie wegen des Zornes der Götter, weil sie die Heiligtümer geplündert

abripuerat, tempestate et flatibus adversis ad saxa Capharea naufragium fecerunt. In qua tempestate Aiax Locrus fulmine est a Minerva ictus, quem fluctus ad saxa illiserunt, unde Aiacis petrae sunt dictae; ceteri noctu cum fidem deorum implorarent, Nauplius audivit sensitque tempus venisse ad persequendas filii sui Palamedis iniurias. Itaque tamquam auxilium eis afferret, facem ardentem eo loco extulit, quo saxa acuta et locus periculosissimus erat; illi credentes humanitatis causa id factum naves eo duxerunt, quo facto plurimae earum confractae sunt militesque plurimi cum ducibus tempestate occisi sunt membraque eorum cum visceribus ad saxa illisa sunt; si qui autem potuerunt ad terram natare, a Nauplio interficiebantur. At Ulixem ventus detulit ad Maronem, Menelaum in Aegyptum, Agamemnon cum Cassandra in patriam pervenit.

CLYTAEMNESTRA

Clytaemnestra Tyndarei filia Agamemnonis uxor cum audisset ab Oeace Palamedis fratre Cassandram sibi paelicem adduci, quod ementitus est, ut fratris iniurias exsequeretur, tunc Clytaemnestra cum Aegistho filio Thyestis cepit consilium, ut Agamemnonem et Cassandram interficeret, quem sacrificantem securi cum Cassandra interfecerunt. At Electra Agamemnonis filia Orestem fratrem infantem sustulit, quem

hatten und weil Aias der Lokrer Kassandra vom Palladion weggerissen hatte, durch ein Unwetter und widrige Winde Schiffbruch bei den Kaphareischen Felsen. In diesem Unwetter ward Aias der Lokrer von Athene mit einem Blitz erschlagen. Die Wogen aber schmetterten ihn wider die Felsen, woher man sie die Felsen des Aias nennt. Als die übrigen des Nachts der Götter Beistand erflehten, vernahm es Nauplios und meinte, die Zeit sei gekommen, das Unrecht, welches seinem Sohne Palamedes zugefügt worden war, zu rächen. Deshalb stellte er, als ob er ihnen Hilfe leisten wolle, eine brennende Fackel an dem Orte auf, da scharfe Felsen und die gefährlichste Stelle waren. Weil jene glaubten, der Menschlichkeit wegen sei dies geschehen, lenkten sie ihre Schiffe dorthin, wodurch die meisten dieser zerschellten, sehr viele Soldaten mit ihren Feldherren im Sturme den Tod fanden und ihre Glieder nebst ihrem Eingeweide wider die Felsen geschmettert wurden. Wenn aber irgendeiner ans Land zu schwimmen vermochte, wurde er von Nauplios getötet. Odysseus doch verschlug der Wind zu Maron, Menelaos nach Ägypten, Agamemnon gelangte mit Kassandra in sein Vaterland.

KLYTAIMNESTRA

Als Klytaimnestra, des Tyndareos Tochter, des Agamemnon Gattin, von Oiax, des Palamedes Bruder, vernommen hatte, daß man ihr Kassandra als Kebse heranführe, was er erlog, das wider seinen Bruder verübte Unrecht zu rächen, da faßte Klytaimnestra mit Aigisthos, des Thyestes Sohn, den Plan, Agamemnon und Kassandra zu töten. Und während er opferte, erschlugen sie ihn nebst Kassandra mit einem Beile. Elektra aber, des Agamemnon Tochter, nahm ihren kindlichen Bruder Orestes und überwies

demandavit in Phocide Strophio, cui fuit Astyochea Agamemnonis soror nupta.

PROTEUS

In Aegypto Proteus senex marinus divinus dicitur fuisse, qui in omnes se figuras convertere solitus erat. quem Menelaus Idotheae filiae eius monitu catena alligavit, ut sibi diceret, quando domum repetitionem haberet. quem Proteus edocuit, iram deorum obesse, quod Troia esset devicta, ideoque id fieri debere, quod hecatomben graece dicitur, cum centum armenta occiduntur. itaque Menelaus hecatomben fecit. tunc demum post octavum annum quam ab Ilio discesserat cum Helena in patriam redit.

ORESTES

Orestes Agamemnonis et Clytaemnestrae filius postquam in puberem aetatem venit, studebat patris sui mortem exsequi; itaque consilium capit cum Pylade et Mycenas venit ad matrem Clytaemnestram, dicitque se Aeolium hospitem esse nuntiatque Orestem esse mortuum, quem Aegisthus populo necandum demandaverat. Nec multo post Pylades Strophii filius ad Clytaemnestram venit urnamque secum affert dicitque ossa Orestis condita esse; quos Aegisthus laetabundus hospitio recepit. Qui occasione capta Orestes cum Pylade noctu Clytaemnestram matrem et Aegisthum interficiunt. Quem Tyndareus cum accusa-

ihn zu Phokis dem Strophios, mit welchem Astyocheia, des Agamemnon Schwester, verheiratet war.

PROTEUS

In Ägypten soll Proteus, ein göttlicher Meergreis, gelebt haben, welcher sich in alle Gestalten zu verwandeln pflegte. Diesen band Menelaos auf Bedeuten seiner Tochter Eidothea mit einer Kette, damit er ihm sage, wann er nach Hause werde zurückkehren. Proteus aber ließ ihn wissen, daß der Götter Zorn hindere, weil Troia völlig besiegt worden sei, und daher müsse dies vollbracht werden, welches in griechischer Sprache Hekatombe genannt wird, wenn hundert Stück Vieh getötet werden. Daher brachte Menelaos eine Hekatombe dar. Dann erst, acht Jahre nach seiner Abfahrt von Troia, kehrte er mit Helena in sein Vaterland zurück.

ORESTES

Sobald Orestes, des Agamemnon und der Klytaimnestra Sohn, ins mannbare Alter gekommen war, trachtete er, seines Vaters Tod zu rächen. Also faßt er mit Pylades einen Plan, begibt sich nach Mykene zu seiner Mutter Klytaimnestra, behauptet, er sei ein Gastfreund aus Aiolien, und berichtet, Orestes, welchen Aigisthos dem Volke zur Tötung überantwortet hatte, sei tot. Und nicht viel später kommt Pylades, des Strophios Sohn, zu Klytaimnestra, trägt eine Urne mit sich heran und behauptet, sie berge des Orestes Gebein. Aigisthos nahm sie voll der Freude gastlich auf. Orestes mit Pylades aber ergreifen die Gelegenheit und töten des Nachts seine Mutter Klytaimnestra und Aigisthos. Als Tyndareos ihn anklagte, ward ihm von

ret, Oresti a Mycenensibus fuga data est propter patrem; quem postea furiae matris exagitarunt.

IPHIGENIA TAURICA

Orestem furiae cum exagitarent, Delphos sciscitatum est profectus, quis tandem modus esset aerumnarum. Responsum est, ut in terram Taurinam ad regem Thoantem patrem Hypsipyles iret indeque de templo Dianae signum Argos afferret; tunc finem fore malorum. Sorte audita cum Pylade Strophii filio sodale suo navem conscendit celeriterque ad Tauricos fines devenerunt, quorum fuit institutum, ut, qui intra fines eorum hospes venisset, templo Dianae immolaretur. Ubi Orestes et Pylades cum in spelunca se tutarentur et occasionem captarent, a pastoribus deprehensi ad regem Thoantem sunt deducti. Quos Thoas suo more vinctos in templum Dianae, ut immolarentur, duci iussit, ubi Iphigenia Orestis soror fuit sacerdos; eosque ex signis atque argumentis, qui essent, quid venissent, postquam resciit, abiectis ministeriis ipsa coepit signum Dianae avellere. Quo rex cum intervenisset et rogitaret, cur id faceret, illa ementita est dicitque eos sceleratos signum contaminasse; quod impii et scelerati homines in templum essent adducti, signum expiandum ad mare ferri oportere et iubere eum interdicere civibus, ne quis eorum extra urbem exiret. Rex sacerdoti dicto audiens fuit; occasione Iphigenia nacta signo sublato cum fratre Oreste et Pylade in navem

den Mykenern die Flucht ermöglicht wegen seines Vaters. Später aber verfolgten ihn der Mutter Erinyen.

IPHIGENEIA IN TAURIS

Weil Orestes die Erinyen verfolgten, begab er sich nach Delphoi, um nachzuforschen, wann seiner Drangsale Maß endlich voll sein werde. Ihm ward Bescheid, daß er nach der taurischen Scholle zu König Thoas, der Hypsipyle Vater, wallen und von dort aus dem Tempel der Artemis Standbild nach Argos bringen solle. Dann werde sich seiner Leiden Ende einstellen. Nachdem er diesen Orakelspruch vernommen hatte, bestieg er mit Pylades, des Strophios Sohn, seinem brüderlichen Freunde, ein Schiff, und sie gelangten schnell an die taurischen Grenzen. Die Taurer aber pflegten den Brauch, daß, wer als Fremder in ihr Gebiet gekommen, im Tempel der Artemis geopfert wurde. Als Orestes und Pylades sich dort in einer Höhle bargen und auf günstige Gelegenheit warteten, wurden sie von Hirten ergriffen und zu König Thoas geführt. Thoas ließ sie, auf daß sie geopfert werden, nach seinem Brauche gefesselt in den Tempel der Artemis bringen, wo Iphigeneia, des Orestes Schwester, Priesterin war. Und nachdem sie aus Zeichen und Erzählungen erfahren hatte, wer jene seien, wozu sie gekommen, warf sie hinfort das heilige Gerät und schickte selbst sich an, das Bildnis der Artemis loszureißen. Als der König hinzugetreten war und angelegentlich fragte, weshalb sie das mache, gab jene fälschlich vor und sagte, diese durch Frevel Befleckten haben das Götterbild entweiht. Weil gottlose und durch Frevel befleckte Menschen in den Tempel geführt worden seien, müsse das zu reinigende Götterbild ans Meer gebracht werden, er aber sei geheißen, den Bürgern zu

ascendit ventoque secundo ad insulam Zminthen ad Chrysen sacerdotem Apollinis delati sunt.

CHRYSES

Agamemnon cum ad Troiam iret, Achilles in Mysiam venit et Chryseidam Apollinis sacerdotis filiam abduxit eamque Agamemnoni dedit in coniugium. quod cum Chryses ad Agamemnonem deprecandum venisset, ut sibi filiam redderet, non impetravit. ob id Apollo exercitum eius partim fame partim morbo prope totum consumpsit. itaque Agamemnon Chryseida gravidam sacerdoti remisit. quae cum diceret se ab eo intactam esse, suo tempore peperit Chrysen iuniorem et dixit se ab Apolline concepisse. – Postea cum rex Thoas Iphigeniam cum Oreste et Pylade Dianae signo de fano sublato fugientem ad Chrysen persecutus esset, Chryses Thoanti cum eos reddere vellet, Chryseis ut audiit Agamemnonis Iphigeniam et Orestem filios esse, Chrysi filio suo quid veri esset patefecit, eos fratres esse et Chrysen Agamemnonis filium esse. tum Chryses re cognita cum Oreste fratre Thoantem interfecit et inde Mycenas cum signo Dianae incolumes pervenerunt.

untersagen, daß irgendeiner von ihnen aus der Stadt gehe. Der König gehorchte dem Wort der Priesterin. Iphigeneia ergriff die Gelegenheit, nahm das Götterbild, bestieg mit ihrem Bruder Orestes und Pylades ein Schiff, und günstiger Wind trug sie nach der Insel Sminthe zu Chryses, des Apollon Priester.

CHRYSES

Als Agamemnon gen Troia zog, kam Achilleus nach Mysien und führte Chryseis, des Apollonpriesters Tochter, hinfort und gab sie dem Agamemnon zu Gemahl. Nachdem aber Chryses zu Agamemnon gekommen war, ihn flehentlich zu bitten, daß er ihm die Tochter zurückgebe, erwirkte er's nicht. Deshalb verzehrte Apollon dessen Heer teils durch Hunger, teils durch Krankheit beinahe ganz. Daher sandte Agamemnon Chryseis dem Priester schwanger zurück. Obschon sie sagte, sie sei von jenem unberührt, gebar sie zur Zeit den jüngeren Chryses und behauptete, sie habe ihn von Apollon empfangen. – Später, als König Thoas Iphigeneia, welche mit Orestes und Pylades, nachdem sie das Bild der Artemis aus dem Tempel geraubt, auf der Flucht war, zu Chryses verfolgt hatte, Chryses diese aber dem Thoas überliefern wollte, eröffnete Chryseis, sobald sie vernommen hatte, daß Iphigeneia und Orestes des Agamemnon Kinder seien, ihrem Sohne Chryses, was des Wahren sei, daß diese Geschwister seien und Chryses des Agamemnon Sohn. Daraufhin, nachdem er den Sachverhalt erfahren hatte, tötete Chryses zusammen mit seinem Bruder Orestes den Thoas, und mit dem Bilde der Artemis gelangten sie von dort unversehrt nach Mykene.

ALETES

Ad Electram Agamemnonis et Clymenestrae filiam sororem Orestis nuntius falsus venit fratrem cum Pylade in Tauricis finibus Dianae esse immolatos. id Aletes Aegisthi filius cum rescisset ex Atridarum genere neminem superesse, regnum Mycenis optinere coepit. at Electra de fratris nece Delphos sciscitatum est profecta. Quo cum venisset, eodem die Iphigenia cum Oreste venit eo. idem nuntius, qui de Oreste dixerat, dixit Iphigeniam fratris interfectricem esse. Electra ubi audivit id, truncum ardentem ex ara sustulit voluitque inscia sorori Iphigeniae oculos eruere, nisi Orestes intervenisset. Cognitione itaque facta Mycenas venerunt et Aleten Aegisthi filium Orestes interfecit et Erigonam ex Clytemnestra et Aegistho natam voluit interficere, sed Diana eam rapuit et in terram Atticam sacerdotem fecit. Orestes autem Neoptolemo interfecto Hermionen Menelai et Helenae filiam abductam coniugem duxit; Pylades autem Electram Agamemnonis et Clytemnestrae filiam duxit.

NEOPTOLEMUS

Neoptolemus Achillis et Deidamiae filius ex Andromacha Eetionis filia captiva procreavit Amphialum. sed postquam audivit, Hermionem

ALETES

Zu Elektra, des Agamemnon und der Klytaimnestra Tochter, des Orestes Schwester, kam die falsche Kunde, ihr Bruder sei zusammen mit Pylades in taurischen Landen der Artemis geopfert worden. Als dies Aletes, des Aigisthos Sohn, erfahren hatte, daß aus dem Geschlechte der Atriden niemand übrig sei, begann er, den Thron zu Mykene in Besitz zu nehmen. Doch Elektra brach nach Delphoi auf, um genaue Kunde über ihres Bruders Tod einzuholen. Nachdem sie dorthin war gekommen, kamen an dem nämlichen Tage Iphigeneia und Orestes dorthin. Der nämliche Bote, welcher über Orestes gekündet hatte, behauptete, daß Iphigeneia ihres Bruders Mörderin sei. Elektra, sobald sie dies vernommen hatte, nahm ein glühend Scheit vom Altare und wollte unwissend ihrer Schwester Iphigeneia die Augen herausreißen, wenn nicht Orestes dazwischengetreten wäre. Nachdem sie einander also erkannt hatten, kamen sie nach Mykene, und Orestes tötete Aletes, des Aigisthos Sohn. Auch Erigone, der Klytaimnestra und des Aigisthos Tochter, wollte er töten, doch Artemis entrückte sie und verbrachte sie nach der attischen Scholle und machte sie ihre Priesterin. Orestes aber, nachdem er Neoptolemos getötet hatte, führte Hermione, des Menelaos und der Helena Tochter, hinfort und nahm sie zu Gemahl. Pylades aber heiratete Elektra, des Agamemnon und der Klytaimnestra Tochter.

NEOPTOLEMOS

Neoptolemos, des Achilleus und der Deidameia Sohn, zeugte mit Andromache, des Eetion Tochter, einer Kriegsgefangenen, Amphialos. Doch nachdem er vernommen

sponsam suam Oresti esse datam in coniugium, Lacedaemonem venit et a Menelao sponsam suam petit. cui ille fidem suam infirmare noluit Hermionenque ab Oreste abduxit et Neoptolemo dedit. Orestes iniuria accepta Neoptolemum Delphis sacrificantem occidit et Hermionem recuperavit: cuius ossa per fines Ambraciae sparsa sunt, quae est in Epiri regionibus.

ODYSSEA

Ulixes cum ab Ilio in patriam Ithacam rediret, tempestate ad Ciconas est delatus, quorum oppidum Ismarum expugnavit praedamque sociis distribuit.

Inde ad Lotophagos, homines minime malos, qui loton ex foliis florem procreatum edebant, idque cibi genus tantam suavitatem praestabat, ut, qui gustabant, oblivionem caperent domum reditionis. Ad eos socii duo missi ab Ulixe cum gustarent herbas ab eis datas, ad naves obliti sunt reverti, quos vinctos ipse reduxit.

Inde ad Cyclopem Polyphemum Neptuni filium. Huic responsum erat ab augure Telemo Eurymi filio, ut caveret, ne ab Ulixe excaecaretur. Hic media fronte unum oculum habebat et carnem humanam epulabatur. Qui postquam pecus in speluncam redegerat, molem saxeam ingentem ad ianuam opponebat. Qui Ulixem cum sociis inclusit sociosque eius consumere coepit. Ulixes cum videret eius immanita-

hatte, seine Verlobte Hermione sei dem Orestes zu Gemahl gegeben worden, kam er nach Lakedaimon und erbat von Menelaos seine Verlobte. Jener wollte diesem sein Treuwort nicht ungültig erklären und führte Hermione von Orestes hinfort und gab sie dem Neoptolemos. Wegen des erlittenen Unrechtes tötete Orestes den Neoptolemos, als er zu Delphoi opferte, und erlangte Hermione wieder. Jenes Gebeine aber wurden über die ambrakische Scholle hin verstreut, welche im Gebiet von Epirus liegt.

DIE ODYSSEE

Als Odysseus von Ilion nach seinem Vaterlande Ithaka zurückfuhr, wurde er von einem Sturm zu den Kikonen verschlagen. Er eroberte deren Stadt Ismaros und verteilte die Beute seinen Gefährten.

Von dort [kam er] zu den Lotophagen, keineswegs üblen Menschen, welche den Lotos, eine aus den Blättern hervorgewachsene Blüte, aßen, und diese Art der Speise beute so große Süße, daß jene, welche sie kosteten, der Rückkehr nach Hause vergaßen. Als von Odysseus zwei seiner Gefährten zu jenen gesandt worden waren und die Pflanzen, von jenen gereicht, gekostet hatten, vergaßen sie, zu den Schiffen zurückzukehren. Odysseus selbst führte sie gefesselt zurück.

Von dort [kam er] zum Kyklopen Polyphemos, des Poseidon Sohn. Diesem war von dem Seher Telemos, des Eurymos Sohn, beschieden, er solle sich hüten, daß er nicht von Odysseus geblendet werde. Er hatte mitten auf der Stirn ein einzig Auge und pflegte, menschliches Fleisch zu speisen. Nachdem er seine Schafe in seine Höhle hatte zurückgeführt, wälzte er eine gewaltige Felsenlast vor den Eingang. Er schloß Odysseus mitsamt seinen Gefähr-

ti atque feritati resistere se non posse, vino, quod a Marone acceperat, eum inebriavit seque „Utin“ vocari dixit. Itaque cum oculum eius trunco ardenti exureret, ille clamore suo ceteros Cyclopas convocavit eisque spelunca praeclusa dixit: „Utis me excaecat.“ Illi credentes eum deridendi gratia dicere neglexerunt. At Ulixes socios suos ad pecora alligavit et ipse se ad arietem et ita exierunt.

Ad Aeolum Hellenis filium, cui ab Iove ventorum potestas fuit tradita; is Ulixem hospitio libere accepit follesque ventorum ei plenos muneri dedit. Socii vero aurum argentumque credentes cum accepissent et secum partiri vellent, folles clam solverunt ventique evolaverunt. Rursum ad Aeolum est delatus, a quo eiectus est, quod videbatur Ulixes numen deorum infestum habere.

Ad Laestrygonas, quorum rex fuit Antiphates [...] devoravit navesque eius undecim confregit excepta nave, qua sociis eius consumptis evasit in insulam Aenariam ad Circen Solis filiam, quae potione data homines in feras bestias commutabat. Ad quam Eurylochum cum viginti duobus sociis misit, quos illa ab humana specie immutavit. Eurylochus timens, qui non intraverat, inde fugit et Ulixi nuntiavit, qui solus ad eam se contulit; sed in itinere Mercurius ei remedium dedit monstravitque, quomodo Circen deciperet. Qui postquam ad Circen venit et poculum ab ea accepit, remedium Mercurii monitu coniecit ensemque strinxit minatus, nisi socios sibi restitueret, se eam interfecturum. Tunc Circe intellexit non sine

ten ein und begann, dessen Gefährten zu verzehren. Da Odysseus sah, daß er dessen tierischer Gefühllosigkeit und Wildheit nicht widerstehen könne, machte er ihn mit dem Weine, welchen er von Maron empfangen hatte, trunken und sagte, er werde „Niemand“ (Οὖτις) genannt. Als er dessen Auge mit einem glühenden Pfahle ausbrannte, rief jener mit seinem Geschrei die übrigen Kyklopen zusammen, verschloß die Höhle und sagte zu ihnen also: „Niemand blendet mich.“ Da jene glaubten, er sage dies des Spottes wegen, beachteten sie es nicht. Odysseus aber band seine Gefährten an die Schafe und sich selbst an den Leithammel, und so gelangten sie hinaus.

[Sie kamen] zu Aiolos, des Hellen Sohn, welchem von Zeus über die Winde Macht gegeben war. Dieser nahm Odysseus in sein gastlich Haus auf und gab ihm Schläuche, voll der Winde, zu Geschenk. Als die Gefährten aber, Gold und Silber wähnend, diese empfangen hatten und untereinander teilen wollten, lösten sie die Schläuche heimlich, und die Winde flogen heraus. Da ward er wieder zu Aiolos verschlagen, von welchem er vertrieben wurde, weil Odysseus der Götter Macht und Wesen feind zu sein schien.

[Sie gelangten] zu den Laistrygonen, welcher König Antiphates [einen der Gefährten des Odysseus, den dieser als Kundschafter gesandt hatte,] verschlang und elf seiner Schiffe zerstörte außer jenem Schiffe, auf welchem er nach seiner Gefährten Vernichtung nach der Insel Ainaria zu Kirke, des Helios Tochter, entkam, welche durch Verabreichung eines Zaubertrankes Menschen in Tiere zu verwandeln pflegte. Er schickte Eurylochos mit zweiundzwanzig Gefährten zu ihr, welche jene ihrer menschlichen Gestalt entkleidete und verwandelte. Eurylochos, welcher nicht eingetreten war, floh daraufhin, von Furcht getragen, und berichtete dem Odysseus, welcher sich allein zu ihr begab. Doch auf dem Wege reichte ihm Hermes ein

voluntate deorum id esse factum; itaque fide data se nihil tale commissuram socios eius ad pristinam formam restituit, ipsa cum eodem concubuit, ex quo filios duos procreavit, Nausithoum et Telegonum.

Inde proficiscitur ad lacum Avernum, ad inferos descendit, ibique invenit Elpenorem socium suum, quem ad Circen reliquerat, interrogavitque eum, quomodo eo pervenisset; cui Elpenor respondit se ebrium per scalam cecidisse et cervices fregisse et deprecatus est eum, cum ad superos rediret, se sepulturae traderet et sibi in tumulo gubernaculum poneret. Ibi et cum matre Anticlia est locutus de fine errationis suae. Deinde ad superos reversus Elpenorem sepelivit et gubernaculum ita, ut rogaverat, in tumulo ei fixit.

Tum ad Sirenas Melpomenes Musae et Acheloi filias venit, quae partem superiorem muliebrem habebant, inferiorem autem gallinaceam. Harum fatum fuit tam diu vivere, quam diu earum cantum mortalis audiens nemo praetervectus esset. Ulixes monitus a Circe Solis filia sociis cera aures obturavit seque ad arborem malum constringi iussit et sic praetervectus est.

Inde ad Scyllam Typhonis filiam venit, quae superiorem corporis partem muliebrem, inferiorem ab inguine piscis, et sex canes ex se natos habebat; eaque sex socios Ulixis nave abreptos consumpsit.

In insulam Siciliam ad Solis pecus sacrum venerat, quod socii eius cum coquerent, in aeneo mugiebat; monitus, id ne attingeret, ab Tiresia et a Circe monitus Ulixes; itaque multos socios

Gegenmittel und zeigte ihm, wie er Kirke täuschen könne. Nachdem er zu Kirke gekommen war und den Becher von ihr empfangen hatte, warf er auf des Hermes Anweisung das Gegenmittel hinein, zog sein Schwert und drohte, wenn nicht sie ihm seine Gefährten wiederherstelle, werde er sie töten. Da erkannte Kirke, daß dies nicht ohne der Götter Willen geschehen sei. Also gab sie ihr Wort, daß sie nichts so Beschaffenes an ihm verüben werde, und gab seinen Gefährten ihre ursprüngliche Gestalt zurück, sie selbst doch wohnte ihm bei und empfing von ihm zwei Söhne, Nausithoos und Telegonos.

Von da brach er zum Avernersee auf, stieg in die Unterwelt hinab und fund dort Elpenor, seinen Gefährten, welchen er bei Kirke zurückgelassen hatte, und fragte ihn, wie er dorthin gelangt sei. Elpenor antwortete ihm, er sei betrunken über die Leiter hinabgestürzt und habe sich das Genick gebrochen, und bat Odysseus fehentlich, ihn, wenn er an die Oberwelt zurückkehre, zur Bestattung zu übergeben und ihm auf seinen Grabhügel sein Ruder zu pflanzen. Dort sprach er auch mit seiner Mutter Antikleia über seiner Irrfahrt Ende. Daraufhin kehrte er nach der Oberwelt zurück, begrub Elpenor und brachte ihm sein Ruder so, wie er gebeten hatte, auf seinem Grabhügel an.

Dann kam er zu den Seirenen, der Muse Melpomene und des Acheloos Töchtern, welche einen weiblichen Oberkörper hatten, doch des Huhnes Unterleib. Deren Geschick war es, so lange zu leben, wie lange kein Sterblicher, ihren Gesang vernehmend, vorbeigesegelt sein werde. Odysseus, von Kirke, des Helios Tochter, angewiesen, verstopfte seinen Gefährten die Ohren mit Wachs, ließ sich an den Mastbaum binden und schiffte so vorbei.

Von dort kam er zu Skylla, des Typhon Tochter, welche einen weiblichen Oberkörper, doch des Fisches Unterleib und sechs Hundeköpfe, aus ihr hervorgewachsen, hatte.

ob eam causam ibi amisit, ad Charybdinque perlatus, quae ter die obsorbebat terque eructabat, eam monitu Tiresiae praetervectus est. Sed ira Solis, quod pecus eius erat violatum (cum in insulam eius venisset et monitu Tiresiae vetuerit violari, cum Ulixes condormiret socii involarunt pecus; itaque cum coquerent, carnes ex aeneo dabant balatus), ob id Iovis navem eius fulmine incendit.

Ex his locis errans naufragio facto sociis amissis enatavit in insulam Aeaeam, ubi Calypso Atlantis filia nympha, quae specie Ulixis capta anno toto eum retinuit neque a se dimittere voluit, donec Mercurius Iovis iussu denuntiavit nymphae, ut eum dimitteret.

Et ibi facta rate Calypso omnibus rebus ornatum eum dimisit eamque ratim Neptunus fluctibus disiecit, quod Cyclopem filium eius lumine privaverat. Ibi cum fluctibus iactaretur, Leucothoe, quam nos Matrem Matutam dicimus, quae in mari exigit aevum, balteum ei dedit, quo sibi pectus suum vinciret, ne pessum abiret. Quod cum fecisset, enatavit.

Inde in insulam Phaeacum venit nudusque ex arborum foliis se obruit, qua Nausicaa Alcinoi regis filia vestem ad flumen lavandam tulit. Ille erepsit e foliis et ab ea petit, ut sibi opem ferret. Illa misericordia mota pallio eum operuit et ad patrem suum eum adduxit. Alcinous hospitio liberaliter acceptum donisque decoratum in patriam Ithacam dimisit. Ira Mercurii iterum naufragium fecit.

Post vicesimum annum sociis amissis solus in patriam redit, et cum ab hominibus ignoraretur

Diese entraffte dem Schiffe des Odysseus sechs seiner Gefährten und verzehrte sie.
Er war auf die Insel Sizilien zum heiligen Vieh des Helios gekommen, welches, als seine Gefährten kochten, in ehernem Kessel brüllte. Odysseus war von Teiresias und von Kirke aufgefordert worden, dieses nicht anzurühren. Und so verlor er dort viele Gefährten aus diesem Grunde, ward nach der Charybdis getragen, welche dreimal des Tags einschlürfte und dreimal ausspie, und schiffte gemäß des Teiresias Weisung vorbei. Doch Helios zürnte, weil dessen Vieh verletzt worden war (nachdem er nämlich auf dessen Insel gekommen und gemäß der Anweisung des Teiresias verboten hatte, daß man es verletze, stürzten sich die Gefährten, als Odysseus schlief, auf das Vieh, weshalb, da sie kochten, die Fleischstücke aus ehernem Kessel Muhen von sich gaben); daher entflammte Zeus dessen Schiff mit dem Blitze.
Aus dieser Gegend setze er seine Irrfahrt fort, erlitt Schiffbruch, verlor seine Gefährten und entkam durch Schwimmen auf die Insel Aiaia, wo die Nymphe Kalypso, des Atlas Tochter, wohnte, welche, von des Odysseus Gestalt ergriffen, ihn durch ein ganzes Jahr hin zurückhielt und nicht von sich entlassen wollte, bis Hermes auf des Zeus Befehl der Nymphe kündete, daß sie ihn entlassen solle.
Und da, nachdem ein Floß gerüstet, entließ ihn Kalypso, mit allen Dingen ausgestattet. Das Floß aber riß Poseidon vermittelst seiner Fluten auseinander, weil er den Kyklopen, seinen Sohn, des Augenlichtes beraubt hatte. Da aber, als er von den Wogen umhergeworfen ward, gab ihm Leukothea, welche wir Mater Matuta nennen, welche im Meere ihr Leben verbringt, ihren Gürtel, mit welchem er sich die Brust umwinden sollte, damit er nicht untergehe. Nachdem er dies getan, entkam er durch Schwimmen.
Hierauf gelangte er zur Insel der Phaiaken und, da er nackt

domumque suam attigisset, procos, qui Penelopen in coniugium petebant, obsidentes vidit regiam seque hospitem simulavit. Et Euryclia nutrix ipsius, dum pedes ei lavat, ex cicatrice Ulixem esse cognovit. Postea procos Minerva adiutrice cum Telemacho filio et duobus servis interfecit sagittis.

ULYSSIS COGNITIO

Ulysses ab Alcinoo rege Nausicaae patre cum esset muneribus dimissus naufragio facto nudus Ithacam pervenit ad quandam casam suam, ubi erat nomine Eumaeus sybotes. quem canis cum agnosceret et ei blandiretur, Eumaeus eum non recognoscebat, quoniam Minerva eum et habitum eius commutaverat. Eumaeus eum rogavit unde esset. ille ait, se naufragio huc pervenisse. quem cum pastor interrogaret, an Ulyssem vidisset, dixit se comitem eius esse et signa et argumenta coepit dicere. quem mox Eumaeus

war, barg sich in den Blättern der Bäume. Nausikaa, des Königes Alkinoos Tochter, brachte Kleidung zum Flusse, um sie zu waschen. Jener doch erhub sich aus den Blättern und bat sie, ihm zu helfen. Jene, von Mitleid bewegt, bedeckte ihn mit einem Mantel und führte ihn zu ihrem Vater. Alkinoos nahm ihn gütig in sein gastlich Haus auf, schmückte ihn mit Gaben und sandte ihn nach seinem Vaterlande Ithaka fort. Des Hermes Zorn doch ließ ihn wiederum Schiffbruch leiden.
Im einundzwanzigsten Jahre kehrte er nach dem Verlust seiner Gefährten allein in sein Vaterland zurück. Als er von den Menschen nicht erkannt ward und sein Haus erreicht hatte, sah er die Freier, welche nach Penelopes Hand trachteten, seinen Palast belagern und gab sich als Fremder aus. Doch während ihm Eurykleia, seine eigene Amme, die Füße wäscht, erkennt sie an einer Narbe, daß er Odysseus sei. Später aber tötete er, von Athene unterstützt, mit seinem Sohne Telemachos und zwei Knechten die Freier mit seinen Pfeilen.

DES ODYSSEUS ENTDECKUNG

Als Odysseus von König Alkinoos, der Nausikaa Vater, mit Geschenken war entlassen worden, gelangte er nach einem Schiffbruch nackt nach Ithaka zu irgendeiner seiner Hütten, wo ein Sauhirt namens Eumaios war. Obschon sein Hund ihn erkannte und ihn umschmeichelte, erkannte Eumaios ihn nicht wieder, da ja Athene ihn und seine Tracht verwandelt hatte. Eumaios fragte ihn, woher er sei. Jener aber sagte, daß er durch einen Schiffbruch hierher sei gelangt. Als der Hirte ihn fragte, ob er Odysseus gesehen habe, sagte er, daß er ein Begleiter jenes sei, und begann, Zeichen und Beweise zu nennen. Hierauf nahm Eu-

casa recepit, cibo potuque animavit. Quo cum venissent famuli missi solito more pecora petitum, et ille interrogasset Eumaeum qui essent, ait: ‚post Ulyssis profectionem cum iam tempus intercederet, proci Penelopen in coniugium petentes venerunt; quos illa conditione ita differt: ‚cum telam detexuero, nubam' (quam interdiu * detexebat, et sic eos differebat). nunc autem illi cum ancillis Ulyssis discumbunt et pecora eius consumunt'. Tunc Minerva effigiem suam ei restituit: subito sybotes ut vidit Ulyssem esse tenens amplectensque lacrimari coepit prae gaudio et admirari quid esset illud quod eum immutaverat. cui Ulysses ait: ‚crastino die perduc me in regiam ad Penelopen'. quem cum duceret, Minerva ei iterum faciem mendici transformavit. Quem cum Eumaeus ad mnesteras perduxisset et cum ancillis illi discumberent, ait ad illos: ‚habetis ecce alterum mendicum, qui cum Iro vos delectet'. tunc Melanthius unus e mnesteribus ait: ‚imo inter se luctentur, et victor accipiet ventriculum fartum et harundinem, unde victum eiciat'. Qui cum luctati essent et Ulysses Irum applosisset atque eum eiecisset, Eumaeus in mendici persona Ulyssem ad Eurycliam nutricem perduxit dicitque eum socium Ulyssis fuisse, cui cum pedes lavaret et ex cicatrice Ulyssem esse cognovisset idque Penelopae renuntiare coniugem eius adesse vellet, Ulysses ei os compressit, atque Penelopen etiam praemonuit, ut arcum et sagittas eius daret procis, ut qui ex iis eum intendisset eam uxorem duceret. quae fecit. cum inter se certarent et nemo posset intendere, Eumaeus ait deridendi gratia: ‚demus

maios ihn in sein Haus und erquickte ihn mit Speise und Trank. Nachdem dorthin aber Diener gekommen waren, gesandt, gemäß gewohntem Brauche Vieh zu fordern, und jener den Eumaios gefragt hatte, welche sie seien, sagte er: „Als nach des Odysseus Abfahrt schon [einige] Zeit verstrichen war, kamen Freier, welche Penelope zu Gemahl forderten. Jene doch hielt sie unter einer Bedingung hin so: ‚Wenn ich das Gewebe werde vollendet haben, werde ich heiraten.' [Welches sie aber des Tags vollendete, (löste sie des Nachts wieder auf,) und so hielt sie jene hin.] Nun aber lagern jene sich mit des Odysseus Mägden und verzehren sein Vieh." Da gab Athene ihm seine eigene Gestalt wieder. Als der Sauhirt aber sah, daß es Odysseus sei, erfaßte er ihn sogleich, umarmte ihn und begann zu weinen vor Freude und verwundert sich zu fragen, was jenes sei, welches ihn verwandelt hatte. Odysseus doch sprach zu ihm: ‚Am morgenden Tage führe mich in den Palast zu Penelope.' Während er ihn aber führte, verwandelte Athene wiederum sein Aussehen in das eines Bettlers. Als ihn Eumaios zu den Freiern geführt hatte und jene mit den Mägden sich lagerten, sagte er zu jenen: ‚Ihr habet, siehe, einen zweiten Bettler, damit er mit Iros euch erheitere.' Daraufhin sagte Melanthios, einer aus den Freiern: ‚Ja vielmehr miteinander ringen sollen sie, und der Sieger wird erhalten eine Magenwurst und eine Rute, womit der den Besiegten hinauswerfe.' Als sie aber gerungen und Odysseus den Iros zu Boden gestoßen und ihn hinausgeworfen hatte, führte Eumaios den Odysseus in eines Bettlers Maske zu Eurykleia, seiner Amme, und sagt, daß dieser ein Gefährte des Odysseus gewesen sei. Da sie ihm aber die Füße wusch und an einer Narbe erkannt hatte, daß er Odysseus sei, und dies Penelope melden wollte, daß ihr Gatte anwesend sei, schloß Odysseus ihr den Mund, und Penelope überdies bedeutete er, daß sie Bogen und Pfei-

etiam huic mendico experiundi potestatem.' Quod cum non pateretur Melanthius, qui erat [servus?], Eumaeus iussu Penelopes arcum seni tradidit. ille omnes procos confixit excepto Melanthio servo. is clam procis arma cum afferet deprehensus est. cui nares et brachia et reliquas partes membrorum minutatim secuit atque domum suam cum coniuge potitus est. ancillas autem suas iussit corpora eorum ad mare deferre, in quas rogatu Penelopes post caedem procorum Ulysses animadvertit.

TELEGONUS

Telegonus Ulixis et Circes filius missus a matre, ut genitorem quaereret, tempestate in Ithacam est delatus ibique fame coactus agros depopulari coepit; cum quo Ulixes et Telemachus ignari arma contulerunt. Ulixes a Telegono filio est interfectus, quod ei responsum fuerat ut a filio caveret mortem. Quem postquam cognovit, qui esset, iussu Minervae cum Telemacho et Penelope in patriam redierunt, in insulam Aeaeam; ad Circen Ulixem mortuum deportaverunt ibique sepulturae tradiderunt. Eiusdem Minervae monitu Telegonus Penelopen, Telemachus Circen duxerunt uxores. Circe et Telemacho natus est Latinus, qui ex suo nomine Latinae

le seiner den Freiern geben solle, damit jener von ihnen, welcher ihn spanne, sie zu Gemahl nehme. Sie doch tat's. Als sie miteinander wetteiferten und niemand [den Bogen] spannen konnte, sagte Eumaios des Verspottens wegen: ‚Wir wollen auch diesem Bettler Gelegenheit geben, sich zu versuchen.' Als Melanthios, welcher [ein Sklave?] war, dies nicht zuließ, übergab Eumaios auf der Penelope Geheiß dem Greise den Bogen. Jener aber schoß sämtliche Freier nieder mit Ausnahme des Sklaven Melanthios. Als dieser den Freiern aber heimlich Waffen herbeischaffte, ward er ergriffen. Odysseus schnitt ihm Nase und Arme und die übrigen Teile der Glieder stückchenweise ab und bemächtigte sich seines Hauses mit der Gattin. Seine Mägde aber hieß er die Leiber derer zum Meere hinabtragen. Nach dem Morde an den Freiern bestrafte sie Odysseus auf Bitten der Penelope.

TELEGONOS

Telegonos, des Odysseus und der Kirke Sohn, von seiner Mutter entsandt, den Vater zu suchen, ward von einem Sturme nach Ithaka verschlagen und begann, vom Hunger gezwungen, die Felder zu plündern. Unwissend ergriffen Odysseus und Telemachos die Waffen wider ihn. Odysseus aber ward von seinem Sohne Telegonos getötet, weil ihm beschieden war, daß er sich vor dem Tode von Sohnes Hand hüten solle. Nachdem er erkannt hatte, wer er sei, kehrte er auf Befehl der Athene mit Telemachos und Penelope in sein Vaterland zurück, auf die Insel Aiaia. Sie überführten den toten Odysseus zu Kirke und übergaben ihn dort zur Bestattung. Gleichfalls auf der Athene Anweisung heiratete Telegonos Penelope, Telemachos aber Kirke. Von Kirke und Telemachos entsprang Latinos,

linguae nomen imposuit; ex Penelope et Telegono natus est Italus, qui Italiam ex suo nomine denominavit.

OENEUS

Liber cum ad Oeneum Parthaonis filium in hospitium venisset, Althaeam Thestii filiam uxorem Oenei adamavit. quod Oeneus ut sensit, voluntate sua ex urbe excessit simulatque se sacra facere: at Liber cum Althaea concubuit, ex qua natus est Deianira; Oeneo autem ob hospitium liberale muneri vitem dedit monstravitque quomodo sereret, fructumque eius ex nomine hospitis oenos ut vocaretur instituit.

ICARIUS ET ERIGONE

Cum Liber pater ad homines esset profectus, ut suorum fructuum suavitatem atque iucunditatem ostenderet, ad Icarium et Erigonam in hospitium liberale devenit. Iis utrem plenum vini muneri dedit iussitque, ut in reliquas terras propagarent. Icarius plaustro onerato cum Erigone filia et cane Maera in terram Atticam ad pastores devenit et genus suavitatis ostendit. Pastores cum immoderatius biberent, ebrii facti conciderunt; qui arbitrantes Icarium sibi malum medicamentum dedisse fustibus eum interfecerunt. Icarium autem occisum canis ululans Maera Erigonae monstravit, ubi pater insepultus iace-

welcher nach seinem Namen der lateinsichen Zunge den Namen gab. Aus Penelope und Telegonos entsproß Italos, welcher Italien nach seinem Namen benannte.

OINEUS

Als Dionysos zu Oineus, des Porthaon Sohn, in gastlich Haus gekommen war, verliebte er sich in Althaia, des Thestios Tochter, des Oineus Gattin. Sowie Oineus dies bemerkt hatte, verließ er freiwillig seine Stadt und gibt vor, daß er Opfer darbringe. Doch Dionysos teilte mit Althaia das Lager, woraus Deianeira hervorging. Dem Oineus aber gab er ob seiner großzügigen Gastfreundschaft einen Weinstock zu Geschenke und zeigte [ihm], wie er ihn pflanze, und er bestimmte, daß dessen Frucht nach des Gastfreunds Namen οἶνος (Wein) genannt werde.

IKARIOS UND ERIGONE

Als Dionysos zu den Menschen aufgebrochen war, damit er ihnen seiner Früchte Süße und Annehmlichkeit zeige, kam er in des Ikarios und der Erigone freigebiges Gasthaus. Er gab ihnen einen Schlauch, voll des Weines, zum Geschenk und gebot, ihn in die übrigen Lande fortzupflanzen. Ikarios belud einen Lastwagen und kam, begleitet von Erigone, seiner Tochter, und dem Hunde Maira, in das Land Attika zu den Hirten und zeigte ihnen dieser Art Süße. Weil die Hirten zu maßlos tranken, wurden sie betrunken und fielen um; da sie glaubten, Ikarios habe ihnen einen üblen Gifttrank gerreicht, töteten sie ihn mit ihren Stöcken. Der Hund Maira aber rief heulend nach dem getöteten Ikarios und zeigte Erigone, wo der Vater unbe-

ret; quo cum venisset, super corpus parentis in arbore suspendio se necavit. Ob quod factum Liber pater iratus Atheniensium filias simili poena afflixit. De ea re ab Apolline responsum petierunt, quibus responsum est, quod Icarii et Erigones mortem neglexissent. Quo responso de pastoribus supplicium sumpserunt et Erigonae diem festum oscillationis pestilentiae causa instituerunt et ut per vindemiam de frugibus Icario et Erigonae primum delibarent. Qui deorum voluntate in astrorum numerum sunt relati; Erigone signum Virginis, quam nos Iustitiam appellamus, Icarius Arcturus in sideribus est dictus, canis autem Maera Canicula.

NYSUS

Liber cum in Indiam exercitum duceret, Nyso nutricio suo, dum ipse inde rediret, regni Thebani potestatem tradidit: sed posteaquam inde reversus est Liber, Nysus regno cedere noluit. Liber cum nutricio contendere noluit passusque est eum regnum obtinere, dum occasio sibi regni recuperandi daretur. itaque post annum tertium cum eo redit in gratiam, simulatque in regno se sacra facere velle, quae trieterica dicuntur quoniam post tertium annum faciebat, militesque muliebri ornatu pro Bacchis introduxit et Nysum cepit regnumque suum recuperavit.

stattet liege. Nachdem sie dorthin gekommen war, tötete sie sich über dem Leichnam des Vaters, indem sie sich an einem Baum erhing. Dieser Tat wegen schlug Dionysos, in Zorn geraten, der Athener Töchter mit einer ähnlichen Strafe. Deshalb erbaten sie von Apollon Bescheid, und ihnen ward Bescheid, daß sie des Ikarios und der Erigone Tod ungeahndet haben hingehen lassen. Aufgrund dieses Bescheides verhängten sie die Todesstrafe über die Hirten und richteten der Erigone einer Seuche wegen das Schaukelfest ein und beschlossen, bei der Weinlese von den Früchten dem Ikarios und der Erigone zuerst zu spenden. Dem Willen der Götter gemäß wurden sie in den Kreis der Sternbilder aufgenommen, Erigone als Sternzeichen der Jungfrau, welche wir Iustitia nennen, Ikarios als Arkturos, der Hund Maira doch als Canicula.

NYSOS

Als Dionysos seine Herrscharen nach Indien führte, übergab er dem Nysos, seinem Erzieher, so lange, bis er selbst von dort zurückkehre, die königliche Macht in thebanischen Landen. Doch nachdem Dionysos von dort zurückgekehrt war, weigerte sich Nysos vom Throne zu weichen. Dionysos wollte nicht mit seinem Erzieher kämpfen und ließ zu, daß dieser die Krone behalte so lange, bis ihm Gelegenheit gegeben, den Thron wiederzuerlangen. Daher söhnte er sich nach dem dritten Jahre mit jenem aus und gibt vor, er wolle im Königreiche Opfer darbringen, welche Trieterika genannt werden, da er sie ja nach dem dritten Jahre darzubringen pflegte, und führte Soldaten in Frauenkleidern anstelle von Mänaden hinein und ergriff Nysos und erlangte seine Krone wieder.

LYCURGUS

Lycurgus Dryantis filius Liberum de regno fugavit; quem cum negaret deum esse vinumque bibisset et ebrius matrem suam violare voluisset, tunc vites excidere est conatus, quod diceret illud malum medicamentum esse quod mentes immutaret. Qui insania ab Libero obiecta uxorem suam et filium interfecit, ipsumque Lycurgum Liber pantheris obiecit in Rhodope, qui mons est Thraciae, cuius imperium habuit. Hic traditur unum pedem sibi pro vitibus excidisse.

HAMMON

Liber in India cum aquam quaereret nec invenisset, subito ex harena aries dicitur exiise. quo duce Liber cum aquam invenisset petit ab Iove, ut eum in astrorum numerum referret, qui adhuc hodie aequinoctialis aries dicitur; in eo autem loco ubi aquam invenerat templum constituit. quod Iovis Hammonis dicitur.

TYRRHENI

Tyrrheni, qui postea Tusci sunt dicti, cum piraticam facerent, Liber pater impubis in navem eorum conscendit et rogat eos, ut se Naxum deferent; qui cum eum sustulissent atque vellent ob formam constuprare, Acoetes gubernator eos inhibuit, qui iniuriam ab eis passus est.

LYKURGOS

Lykurgos, des Dryas Sohn, vertrieb Dionysos aus seinem Reiche; weil er leugnete, dieser sei ein Gott, und Wein getrunken und besoffen seine Mutter hatte verletzen wollen, versuchte er die Weinstöcke auszuhauen, da er sagte, jenes sei ein übles Medikamentum, welches die Sinne verkehre. Nachdem er [deshalb] von Dionysos mit Wahnsinn geschlagen worden war, tötete er seine Gattin und seinen Sohn, Lykurgos selbst warf Dionysos seinen Panthern auf der Rhodope vor, einem Gebirge in Thrakien, das er beherrschte. Man sagt, er habe ihm einen Fuß für die Weinstöcke abgeschlagen.

HAMMON

Als Dionysos in Indien Wasser suchte und keines gefunden hatte, soll dem Sande plötzlich ein Widder entstiegen sein. Nachdem Dionysos unter dessen Führung Wasser gefunden hatte, erbittet er von Zeus, daß er jenen in der Sterne Zahl aufnehme. Noch heute wird er der äquinoktiale Widder genannt. An jenem Orte aber, wo er Wasser gefunden hatte, errichtete er einen Tempel. Dieser wird [Tempel] des Zeus Hammon (Baal-Hammon) genannt.

DIE TYRRHENER

Obschon die Tyrrhener, welche später Tusker genannt wurden, Piraterie trieben, bestieg Dionysos in eines Knaben Gestalt ihr Schiff und bat sie, ihn nach Naxos zu führen. Als sie ihn an Bord genommen hatten und seiner jugendlichen Schöne wegen notzüchtigen wollten, gebot ihnen Akoites, ihr Steuermann, Einhalt, ward von ihnen

Liber ut vidit in proposito eos permanere, remos in thyrsos commutavit, vela in pampinos, rudentes in hederam; deinde leones atque pantherae prosiluerunt. Qui ut viderunt, timentes in mare se praecipitaverunt; quos et in mari in aliud monstrum transfiguravit; nam quisquis se praecipitaverat, in delphini effigiem transfiguratus est; unde delphini Tyrrheni sunt appellati et mare Tyrrhenum est dictum. Numero autem fuerunt duodecim his nominibus, Aethalides Medon Lycabas Libys Opheltes Melas Alcimedon Epopeus Dictys Simon Acoetes; hic gubernator fuit, quem ob clementiam Liber servavit.

LAOCOON

Laocoon Capyos filius Anchisae frater Apollinis sacerdos contra voluntatem Apollinis cum uxorem duxisset atque liberos procreasset, sorte ductus, ut sacrum faceret Neptuno ad litus. Apollo occasione data a Tenedo per fluctus maris dracones misit duos qui filios eius Antiphantem et Thymbraeum necarent, quibus Laocoon cum auxilium ferre vellet, ipsum quoque nexum necaverunt. Quod Phryges idcirco factum putarunt, quod Laocoon hastam in equum Troianum miserit.

jedoch mit frecher Gewalt zurückgewiesen. Sowie Dionysos sah, daß sie bei ihrem Vorsatze blieben, verwandelte er die Riemen in Thyrsoi, die Segel in Weinranken, das Tauwerk aber in Efeu; sodann sprangen Löwen und Panther hervor. Da sie dieses schauten, gerieten sie in Furcht und stürzten sich ins Meer; und in dem Meere verwandelte er sie in eine andere Wundererscheinung; denn jeder einzelne, der sich hinabgestürzt hatte, ward in eines Delphines Gestalt verwandelt; von daher sind die Delphine Tyrrhener genannt und das Meer das Tyrrhenische geheißen. Es waren ihrer aber zwölf an Zahl, welche diese folgenden Namen trugen: Aithalides, Medon, Lykabas, Libys, Opheltes, Melas, Alkimedon, Epopeus, Diktys, Simon, Akoites; dieser war der Steuermann, welchen Dionysos seiner Gelindigkeit wegen rettete.

LAOKOON

Weil Laokoon, des Kapys Sohn, des Anchises Bruder, des Apollon Priester, gegen den Willen des Apollon eine Frau geheiratet und Kinder gezeugt hatte, ward er ausgelost, daß er dem Poseidon am Strand ein Opfer bringe. Bei dieser Gelegenheit sandte Apollon durch des Meeres Wogen zwei Schlangen von Tenedos, welche dessen Söhne Antiphas und Thymbraios töten sollten. Als Laokoon ihnen Hilfe bringen wollte, umschlangen und töteten sie auch ihn. Die Phryger glaubten, dies sei deshalb geschehen, weil Laokoon eine Lanze wider das Troianische Pferd gesandt habe.

POLYIDUS

Glaucus Minois et Pasiphaae filius dum ludit pila, cecidit in dolium melle plenum. quem cum parentes quaererent Apollinem sciscitati sunt de puero. Quibus Apollo respondit: ‚monstrum vobis natum est; quod si quis solverit, puerum vobis restituet'. Minos sorte audita coepit monstrum a suis quaerere, cui dixerunt natum esse vitulum, qui ter in die colorem mutaret per quaternas horas, primum album secundo rubeum deinde nigrum. Minos autem ad monstrum solvendum augures convocavit. qui cum non invenirent, Polyidus Coerani filius Bizanti monstrum demonstravit, eum arbori moro similem esse; nam primum album est, deinde rubrum, cum permaturavit nigrum. tunc Minos ait ei: ‚Apollinis responso filium mihi oportet restituas'. quod Polyidus dum auguratur, vidit noctuam super cellam vinariam sedentem atque apes fugantem: augurio accepto puerum exanimem de dolio eduxit. cui Minos ait: ‚corpore invento nunc spiritum restitue'. quod Polyidus cum negaret posse fieri, Minos iubet eum cum puero in monumento includi et gladium poni. qui cum inclusi essent, draco repente ad corpus pueri processit, quod Polyidus existimans eum velle consumere gladio repente percussit et occidit. altera serpens parem quaerens vidit eam interfectam et progressa herbam attulit atque eius tactu serpenti spiritum restituit: idemque Polyidus fecit. qui cum intus vociferarentur, quidam praeteriens Minoi nuntiavit; qui mo-

POLYEIDOS

Während Glaukos, des Minos und der Pasiphae Sohn, mit dem Ball spielte, fiel er in ein Faß voll von Honig. Als seine Eltern ihn suchten, befragten sie den Apollon betreffs des Knaben. Apollon doch antwortete ihnen: „Ein wunderlich Wesen ist euch ersprossen; wenn aber irgendeiner es enträtselt wird haben, wird er euch den Knaben zurückgeben.“ Nachdem Minos das Orakelwort vernommen, begann er, die Seinen nach einem wunderlichen Wesen zu befragen. Diese doch sagten ihm, ein Kalb sei geboren worden, welches dreimal am Tage seine Farbe ändere durch je vier Stunden, zuerst weiß, dann rot, endlich schwarz. Minos aber rief zu des Wunders Enträtselung die Seher herbei. Als diese jedoch die Lösung nicht funden, wies Polyeidos, des Koiranos Sohn, eines Byzantiers, hinsichtlich des Wunders darauf hin, daß dieses dem Maulbeerbaume ähnlich sei; denn er ist zuerst weiß, dann rot, wenn er völlig reif geworden, schwarz. Daraufhin sagte Minos zu jenem: „Gemäß des Apollon Bescheid mußt du mir den Sohn wiedergeben.“ Während Polyeidos diesbezüglich seines Seheramtes pflegte, sah er eine Nachteule auf der Weinkammer sitzen und Bienen in die Flucht schlagen. Da er eine Ahnung gewonnen hatte, zog er den leblosen Knaben aus dem Fasse heraus. Minos doch sprach zu ihm: „Nachdem der Leib gefunden, gib nun den Lebensodem zurück.“ Als Polyeidos leugnete, daß dies geschehen könne, gebeut Minos, daß er mit dem Knaben in der Gruft eingeschlossen und [auch] ein Schwert hineingelegt werde. Nachdem sie eingeschlossen worden waren, kroch plötzlich eine Schlange nach des Knaben Leichnam, welche Polyeidos, wähnend, daß sie diesen verzehren wolle, augenblicklich mit dem Schwerte durchbohrte und tötete. Eine zweite Schlange aber, den

numentum iussit aperiri et filium incolumem recuperavit, Polyidum cum multis muneribus in patriam remisit.

MEROPE

Polyphontes Messeniae rex Cresphontem Aristomachi filium cum interfecisset eius imperium et Meropen uxorem possedit. filium autem eius infantem Merope mater absconse ad hospitem in Aetoliam mandavit. hunc Polyphontes maxima cum industria quaerebat aurumque pollicebatur si quis eum necasset. qui postquam ad puberem aetatem venit capit consilium, ut exequatur patris et fratrum mortem. itaque venit ad regem Polyphontem aurum petitum, dicens se Cresphontis interfecisse filium et Meropes Telephontem. rex eum iussit in hospitio manere, ut amplius de eo perquireret. qui cum per lassitudinem obdormisset, interim senex qui inter matrem et filium internuntius erat, flens ad Meropen venit negans eum apud hospitem esse nec comparere. Merope credens eum esse filii sui interfectorem qui dormiebat, in chalcidicum cum secure venit inscia, ut filium suum interficeret: quem senex cognovit et matrem ab scelere retraxit. Merope postquam vidit occasionem sibi datam esse ab inimico se ulciscendi redit cum Polyphonte in

Genossen suchend, sah jenen gemordet und kroch heran und führte ein Kraut herbei und gab durch dessen Wirkung der Schlange ihren Lebensodem wieder. Und ebenso tat's Polyeidos. Als jene aber laut von drinnen riefen, meldete es jemand, der gerade vorüberging, dem Minos. Dieser gebot, daß man die Gruft öffne, und erlangte seinen Sohn unversehrt wieder, Polyeidos jedoch sandte er mit vielen Geschenken in sein Vaterland zurück.

MEROPE

Nachdem Polyphontes, der König Messeniens, Kresphontes, des Aristomachos Sohn, getötet hatte, nahm er dessen Thron und Merope, seine Gattin, in Besitz. Dessen kindlichen Sohn aber übergab seine Mutter Merope heimlich einem Gastfreunde nach Aitolien. Polyphontes doch suchte ihn mit äußerster Betriebsamkeit und versprach Gold, wenn irgendeiner ihn morde. Nachdem jener aber ins mannbare Alter gekommen war, faßte er den Beschluß, daß er rächen werde des Vaters und der Brüder Tod. Daher kam er zu König Polyphontes und forderte das Gold, indem er sagte, daß er Telephontes, des Kresphontes und der Merope Sohn, getötet habe. Der König aber hieß ihn in seinem gastlichen Hause bleiben, damit er mehr von ihm erfahre. Nachdem jener jedoch vor Ermattung eingeschlafen war, kam indes der Greis, welcher zwischen der Mutter und dem Sohne Botschaft trug, weinend zu Merope und sagte, daß dieser nicht bei dem Gastfreunde sei noch sich finden lasse. Merope aber, glaubend, daß jener sei ihres Sohnes Mörder, welcher schlief, kam mit einem Beile ins Chalkidikum, nicht wissend, daß sie ihren Sohn töten wolle. Der Greis doch erkannte ihn und hielt die Mutter von frevlem Werke zurück. Nachdem Merope ge-

gratiam. rex laetus cum rem divinam faceret, hospes falso simulavit se hostiam percussurum esse eumque interfecit patriumque regnum adeptus est.

ATALANTA

Schoeneus Atalantam filiam virginem formosissimam dicitur habuisse, quae virtute sua cursu viros superabat. ea petiit a patre ut se virginem servaret. itaque cum a pluribus in coniugium peteretur, pater eius simultatem constituit, qui eam ducere vellet prius in certamine cursu cum ea contenderet, termino constituto, ut ille inermis fugeret haec cum telo insequeretur; quem intra finem termini constituti assecuta fuisset interficeret, cuius caput in stadio figeret. plerosque cum superasset et occidisset novissime ab Hippomene Megarei et Meropes filio victa est. hic enim a Venere mala tria insignis formae acceperat, edoctus quis usus in eis esset. qui in ipso certamine iactando puellae impetum alligavit. illa enim dum colligit et ammiratur aurum, declinavit et iuveni victoria tradidit. cui Schoneus ob industriam libens filiam suam dedit uxorem. Hanc cum in patriam duceret, oblitus beneficio Veneris se vicisse, grates ei non egit. irata Venere in monte Parnaso cum sacrificaret Iovi victori, cupiditate incensus cum ea in fano

sehen hatte, daß Gelegenheit ihr gegeben, an ihrem Feinde sich zu rächen, söhnte sie sich mit Polyphontes [zum Scheine] aus. Als der König freudig ein Opfer darbrachte, gab der Gastfreund fälschlich vor, daß er das Opfertier schlachten wolle, und tötete ihn und erlangte die väterliche Krone.

ATALANTE

Schoineus soll eine Tochter Atalante, eine überaus schöne Jungfrau, gehabt haben, welche aufgrund ihrer Tüchtigkeit im Laufe die Männer übertraf. Sie erbat vom Vater, daß er ihre Jungfräulichkeit wahre. Da sie also von ziemlich vielen zu Gemahl erbeten ward, bestimmte ihr Vater einen Wettstreit, daß, welcher sie heiraten wolle, zuerst in einem Sich-Messen beim Laufe mit ihr wetteifern solle, wobei eine Einschränkung beschlossen war, daß jener ungewappnet fliehen solle, diese aber mit ihrem Wurfgeschosse nachsetzen. Den sie innerhalb der errichteten Schranke Grenze eingeholt haben werde, solle sie töten, sein Haupt aber im Stadion anheften. Als sie schon sehr viele überwunden und getötet hatte, ward sie zuletzt von Hippomenes, des Megareus und der Merope Sohn, besiegt. Er hatte nämlich von Aphrodite drei Äpfel auffalender Schöne erhalten und war darüber unterrichtet, welcher Nutzen in ihnen wohne. Dadurch aber, daß er mitten im Laufe [jene einzeln von sich] warf, hemmte er den Ansturm der Maid. Jene nämlich, während sie sammelte und das Gold bewunderte, schwiff ab und überließ dem Jüngling den Sieg. Ob seiner Rührigkeit gab Schoineus ihm gerne seine Tochter zu Gemahl. Als er diese aber nach seinem Vaterlande führte, vergaß er, daß er durch der Aphrodite Wohltat gesiegt, und dankte ihr nicht. Weil

concubuit. quos Iuppiter ob id factum in leonem et leam convertit, quibus dii concubitum Veneris denegant.

MELANIPPE

Melanippen Desmontis filiam (sive Aeoli ut alii poetae dicunt) formosissimam Neptunus compressit, ex qua procreavit filios duos. quod cum Desmontes rescisset Melanippen excaecavit et in munimento conclusit; cui potum atque cibum exiguum praestari iussit, infantes autem feris proiici. qui cum proiecti essent, vacca lactens veniebat ad infantes et ubera praestabat. quod cum armentarii vidissent tollunt eos ut educarent. Interim Metapontus rex Icariae a coniuge Theano petebat, ut sibi liberos procrearet, aut regno cederet. illa timens mittit ad pastores ut infantem aliquem explicarent, quem regi subderet: qui miserunt duos inventos: ea regi Metaponto pro suis supposuit. postea autem Theano ex Metaponto peperit duos. cum autem Metapontus priores valide amaret, quod formosissimi essent, Theano quaerebat ut eos tolleret et filiis suis regnum servaret. Dies advenerat ut Metapontus exiret ad Dianam Metapontinam ad sacrum faciendum. Theano occasione nacta indicat filiis suis eos suppositicios priores esse; itaque cum in venationem exierint, eos cultris interficere iubet. illi autem matris monitu cum in montem exissent, praelium inter se commiserunt: Neptu-

nun Aphrodite in Zorn geraten war, entflammte, als er auf dem Berge Parnaß dem Zeus Nikator opferte, seine Begierde und er wohnte jener im Tempel bei. Ob dieser Tat verwandelte sie Zeus in einen Löwen und eine Löwin, welchen die Götter das Lager der Aphrodite verwehren.

MELANIPPE

Melanippe, des Desmontes wunderschöne Tochter (oder des Aiolos, wie andere Dichter sagen) tat Poseidon Gewalt an, woraus zwei Söhne hervorgingen. Als Desmontes dies in Erfahrung gebracht hatte, blendete er Melanippe und schloß sie in eine Veste ein. Er befahl, daß ihr Trank und Speise nur wenig gegeben, ihre Kinder aber den wilden Tieren vorgeworfen werden. Nachdem sie waren ausgesetzt worden, kam eine Milch tragende Kuh zu den Säuglingen und bot ihnen ihr Euter dar. Als dies die Viehhirten gesehen hatten, nahmen sie jene mit sich, um sie zu erziehen. Indes fordert Metapontos, König zu Ikaria, von seiner Gattin Theano, daß sie ihm Kinder gebäre oder aus dem Königreiche weiche. Jene schickt fürchtend zu den Hirten, daß sie irgendein Kind auftreiben, welches sie dem Könige unterschieben könne. Jene aber senden die beiden Findlinge. Diese doch schob sie dem Könige Metapontos als die eigenen unter. Später aber gebar Theano von Metapontos zwei Söhne. Weil jedoch Metapontos die früheren sehr liebte, da sie überaus schön waren, trachtete Theano, diese zu beseitigen und ihren Söhnen die Krone zu wahren. Es war der Tag gekommen, daß Metapontos ausging zur Metapontinischen Artemis, um ein Opfer zu bringen. Als Theano diese Gelegenheit erlangt hatte, offenbart sie ihren Söhnen, daß jene früheren untergeschoben seien. Sie befiehlt ihnen also, jene, sobald sie zur Jagd ausgezogen,

no autem adiuvante Neptuni filii vicerunt et eos interfecerunt. quorum corpora cum in regiam allata essent, Theano cultro venatorio se interfecit; ultores autem Boeotus et Aeolus ad pastores ubi educati erant confugerunt. Ibi Neptunus eis indicat, ex se esse natos et matrem in custodia teneri. qui ad Desmontem pervenerunt eumque interfecerunt et matrem custodia liberarunt; cui Neptunus lumen restituit. eam filii perduxerunt in Icariam ad Metapontum regem et indicant ei perfidiam Theanus. post quae Metapontus duxit coniugio Melanippen eosque sibi filios adoptavit; qui in Propontide ex suo nomine condiderunt Boeotus Boeotiam Aeolus Aeoliam.

ALOPE

Alope Cercyonis filia formosissima cum esset, Neptunus eam compressit, qua ex compressione peperit infantem quem inscio patre nutrici dedit exponendum. qui cum expositus esset, equa venit et lac ei praestabat. quidam pastor equam persecutus vidit infantem atque eum sustulit. qui veste regia indutum cum in casam tulisset, alter compastor rogavit, ut sibi eum infantem donaret: ille ei donavit sine veste. cum autem inter eos iurgium esset, quod qui puerum acceperat insignia ingenuitatis reposceret, ille autem non daret, contendentes ad regem Cercyonem venerunt et contendere coeperunt. ille autem qui infantem donatum acceperat repetere insignia

mit ihren Messern zu töten. Als jene aber gemäß der Mutter Bedeuten nach dem Berge ausgezogen waren, kämpften sie widereinander. Mit dem Beistande des Poseidon jedoch siegten die Söhne des Poseidon und töteten jene. Nachdem ihre Leichname in den Palast waren gebracht worden, tötete sich Theano mit einem Jagdmesser. Die Rächer aber, Boiotos und Aiolos, flohen zu den Hirten, wo sie waren erzogen worden. Dort offenbart ihnen Poseidon, daß sie seine Söhne seien und ihre Mutter in Haft gehalten werde. Sie gelangten zu Desmontes und töteten ihn und befreiten ihre Mutter aus der Haft. Poseidon aber gab ihr das Gesicht wieder. Ihre Söhne führten sie nach Ikaria zu König Metapontos und offenbaren ihm die Unredlichkeit Theanos. Hierauf aber nahm Metapontos Melanippe zu Gemahl und adoptierte jene als seine Söhne. Nach seinem Namen gründete in der Propontis Boiotos Boiotia, Aiolos aber Aiolia.

ALOPE

Weil Alope, des Kerkyon Tochter, überaus schön war, tat Poseidon ihr Gewalt an, woraus ein Kindlein hervorging, welches sie ohne des Vaters Kenntnis ihrer Amme übergab, damit sie es aussetze. Nachdem der Knabe war ausgesetzt worden, kam eine Stute und gab jenem Milch. Ein Hirte, welcher die Stute verfolgte, sah das Kindlein und nahm es auf. Als er den in königliches Kleid gehüllten Knaben in seine Hütte gebracht hatte, bat ein anderer Hirt, daß er ihm dieses Kindlein übergebe. Jener übergab es ihm ohne Kleid. Als aber zwischen jenen ein Streit herrschte, weil, welcher den Knaben empfangen hatte, die Zeichen seines Adels wieder und wieder verlangte, jener sie aber nicht gab, kamen sie sich zankend zu König Kerkyon und begannen zu händeln. Jener aber, welcher das

coepit. quae cum allata essent et agnosceret Cercyon, ea esse ex veste scissa filiae suae, Alopes nutrix timens regi indicium fecit, infantem eum Alopes esse. qui filiam iussit ad necem includi, infantem autem proiici. quem iterum equa nutriebat, pastores iterum inventum sustulerunt, sentientes eum deorum numine educari, atque nutrierunt nomenque ei imposuerunt Hippothoum. Theseus cum ea iter faceret a Troezene, Cercyonem interfecit: Hippothous autem ad Theseum venit regnaque avita rogavit. cui Theseus libens dedit, cum sciret eum Neptuni filium esse, unde ipse genus ducebat. Alopes autem corpus Neptunus in fontem commutavit, qui ex nomine Alopes est cognominatus.

THEOPHANE

Theophane Bisaltidis filia formosissima virgo. hanc cum plures proci peterent a patre, Neptunus sublatam transtulit in insulam Crumissam. quod cum proci eam scissent ibi morari nave comparata Crumissam contendere coeperunt. Neptunus ut eos deciperet, Theophanen in ovem commutavit formosissimam, ipse se autem in arietem, cives autem Crumissenses in pecora. quo cum proci venisset neque ullum hominem invenirent, pecora mactare coeperunt atque ea victu consumere. hoc Neptunus ut vidit, in pecora commutatos consumi, procos in lupos convertit, ipse autem ut erat aries cum

Kind zu Geschenke empfangen, begann, mit Nachdruck die Zeichen zu fordern. Als diese waren herbeigebracht worden und Kerkyon erkannte, diese seien vom Kleide seiner Tochter gerissen, gestand der Alope Amme, weil sie sich fürchtete, dem Könige, daß dies das Kindlein der Alope sei. Jener doch befahl, daß die Tochter zu Tode eingesperrt werde, das Kindlein ausgesetzt. Wiederum aber nährte es die Stute, wiederum nahmen die Hirten den Findling auf, fühlend, daß dieser gemäß der Götter Willen genährt werde, und zogen ihn auf und gaben ihm den Namen Hippothous. Theseus aber, als er daselbst seinen Weg nahm von Troizen, tötete Kerkyon. Hippothous jedoch kam zu Theseus und bat ihn um die großväterliche Krone. Theseus gab sie ihm gern, weil er wußte, daß dieser des Poseidon Sohn sei, wovon er selbst sein Geschlecht herleitete. Der Alope Leib aber verwandelte Poseidon in einen Quell, welcher nach der Alope Namen benannt ist.

THEOPHANE

Theophane, des Bisaltes Tochter, war eine Jungfrau von außerordentlicher Schöne. Weil ziemlich viele Freier diese von ihrem Vater erbaten, nahm Poseidon sie mit sich und brachte sie nach der Insel Krumissa. Als die Freier dies erfahren hatten, daß jene dort weile, rüsteten sie ein Schiff und schickten sich an, nach Krumissa zu eilen. Um jene zu täuschen, verwandelte Poseidon Theophane in ein wunderschönes Schaf, sich selbst aber in einen Widder, die Bürger von Krumissa doch in Kleinvieh. Als die Freier waren dorthin gekommen und nicht irgendeinen Menschen funden, begannen sie, das Kleinvieh zu schlachten und dieses zum Leben zu verzehren. Sobald Poseidon dies sah, daß die in Kleinvieh Verwandelten verzehrt werden, verwandelte

Theophane concubuit. ex quo natus est aries chrysomallus, qui Colchos Phrium vexit. cuius pellem Aeeta in luco Martis habuit positam; quam Iason sustulit.

PROCRIS

Procris Pandionis filia. hanc Cephalus Deionis filius habuit in coniugio. qui cum mutuo amore tenerentur, alter alteri fidem dederunt, ne quis cum alio concumberet. Cephalus autem cum studio venandi teneretur et matutino tempore in montem exisset, Aurora Tithoni coniunx eum adamavit petitque ab eo concubitum. cui Cephalus negavit, quod Procri fidem dederat: tunc Aurora ait: ‚nolo ut fallas fidem, nisi illa prior fefellerit'. itaque commutat eum in hospitis figuram atque dat munera speciosa quae Procri deferret. quo cum Cephalus venisset immutata speae munera Procri dedit et cum ea concubuit. tunc ei Aurora speciem hospitis abstulit. quae cum Cephalum vidisset, sensit se ab Aurora deceptam et inde profugit in Cretam insulam, ubi Diana venabatur. quam cum Diana conspexisset ait ei: ‚mecum virgines venantur, tu virgo non es, secede de hoc coetu'. cui Procris indicat casus suos et se ab Aurora deceptam. Diana misericordia tacta dat ei iaculum, quod nemo evitare posset et canem Laelapem, quem nulla fera effugere posset et iubet eam ire et cum Cephalo contendere. ea capillis demptis iuvenili habitu Dianae voluntate ad Cephalum venit eumque provoca-

er die Freier in Wölfe, selbst jedoch wohnte er als Widder der Theophane bei. Daraus aber ging Chrysomallos hervor, welcher Phrixos nach Kolchis trug. Dessen Vließ hatte Aietes im heiligen Haine des Ares liegen. Iason doch nahm es mit hinfort.

PROKRIS

Prokris war des Pandion Tochter. Diese hatte Kephalos, des Deion Sohn, zu Gemahl. Weil sie von wechselseitiger Liebe beseelt waren, gaben der eine dem anderen das Treuwort, daß nicht irgendeiner mit einem anderen das Lager teilen werde. Als Kephalos aber vom Eifer der Jagd ergriffen wurde und zu früher Stunde nach dem Berge ausgegangen war, verliebte sich Eos, des Tithonos Gattin, in ihn und erbat von ihm, mit ihr das Lager zu teilen. Kephalos doch verweigerte es ihr, weil er Prokris sein Treuwort gegeben hatte. Da sagte Eos: „Ich will nicht, daß du dein Treuwort brichst, wenn nicht jene als erste es gebrochen." Daher verwandelt sie ihn in eines Fremden Gestalt und gibt ihm auffallend schöne Geschenke, damit er sie Prokris überbringe. Als Kephalos dorthin war gekommen mit gewandeltem Aussehen, gab er Prokris die Geschenke und teilte mit ihr das Lager. Daraufhin nahm ihm Eos des Fremden Aussehen. Als jene aber Kephalos erblickt hatte, merkte sie, daß sie von Eos sei getäuscht, und floh von dort nach der Insel Kreta, wo Artemis zu jagen pflegte. Als Artemis sie erblickt hatte, sagt sie zu ihr: „Mit mir jagen Jungfrauen, du aber bist keine Jungfrau, weiche von dieser Versammlung." Prokris doch offenbart jener ihre Geschicke und daß sie von Eos getäuscht worden sei. Artemis aber, von Mitleid gerührt, gibt ihr einen Wurfspieß, welchem niemand zu weichen vermochte, und den Hund

vit: quem in venatione superavit. Cephalus ut vidit tantam potentiam canis atque iaculi esse, petit ab hospite, non existimans coniugem suam esse, ut sibi iaculum et canem venderet; illa negare coepit: regni quoque partem pollicetur; illa negat ‚sed si utique, ait, perstas id possidere, da mihi id quod pueri solent dare'. ille amore iaculi et canis incensus promisit se daturum. qui cum in thalamos venissent, Procris tunicam levavit et ostendit se feminam esse et coniugem illius; cum qua Cephalus muneribus acceptis redit in gratiam. nihilominus illa timens Auroram matutino tempore secuta eum, ut observaret, atque inter virgulta delituit. quae virgulta cum Cephalus moveri vidit, iaculum inevitabile misit et Procrin coniugem suam interfecit. ex qua Cephalus habuit filium Arcesium, ex quo nascitur Laertes Ulyssis pater.

THEONOE

Thestor mantis habuit Calchantem et Leucippen filiam et Theonoen quam ludentem a mari piratae rapuerunt et detulerunt in Cariam; quam rex Icarus sibi in concubinatum emit. Thestor autem filia amissa inquisitum profectus est, qui naufragio in terram Cariam venit et in vincula est

Lailaps, welchen kein wildes Tier fliehen konnte, und heißet sie gehen und mit Kephalos wetteifern. Jene aber kam mit geschorenem Haupt in jünglinghaftem Aufzuge zu Kephalos, forderte ihn heraus und übertraf ihn bei der Jagd. Als Kephalos gesehen hatte, daß Hund und Speer so große Macht besitzen, erbittet er von dem Fremdling, nicht wähnend, daß es seine Gattin sei, ihm Speer und Hund zu verkaufen. Jene doch begann, es zu verweigern. Er verspricht sogar einen Teil seines Königreiches. Jene aber verweigert's: „Doch wenn jedenfalls", sagt sie, „du fest beharrst, dies in Besitz zu nehmen, gib mir das, welches Knaben pflegen zu geben." Jener aber, in Begierde nach dem Speere und dem Hund entflammt, versprach, daß er es geben werde. Nachdem sie ins Schlafgemach gekommen waren, hob Prokris ihre Tunika und offenbarte, daß sie eine Frau sei und jenes Gattin. Kephalos aber söhnte sich mit ihr aus, nachdem er die Geschenke empfangen hatte. Nichtsdestominder fürchtete jene Eos und setzte ihm nach zu morgendlicher Stunde, damit sie ihn beobachte, und verbarg sich im Gesträuch. Als Kephalos diese Sträucher sich bewegen sah, entsandte er das unvermeidliche Geschoß und tötete seine Gattin Prokris. Kephalos aber hatte von ihr einen Sohn, Arkeisios, welcher [dann] Laertes zeugt, des Odysseus Vater.

THEONOE

Thestor, ein Seher, hatte einen Sohn, Kalchas, und zwei Töchter, Leukippe und Theonoe, welche, als sie am Meere spielte, Piraten raubten und nach Karien brachten. König Ikaros aber nahm sie als Buhle. Thestor jedoch brach nach dem Verluste seiner Tochter auf, sie zu suchen, litt allerdings Schiffbruch und gelangte nach der karischen Schol-

coniectus ibi, ubi et Theonoe morabatur. Leucippe autem patre et sorore amissis Delphos petit, an eorum foret investigatio. tum Apollo respondit: ‚pro meo sacerdote per terras vade et eos reperies'. Leucippe sorte audita capillos totondit atque pro iuvene sacerdote circum terras exit investigatum. quae cum in Cariam devenisset et Theonoe eam vidisset, existimans sacerdotem esse in amorem eius incidit iubetque ad se perduci, ut cum eo concumberet. illa autem quia femina erat negat id posse fieri: Theonoe irata iubet sacerdotem includi in cubiculum atque aliquem ex ergastulo venire, qui sacerdotem interficeret. quem ad interficiendum mittitur senex Thestor imprudens ad filiam suam: quem Theonoe non agnovit datque ei gladium et iubet eum sacerdotem interficere. qui cum intrasset et gladium teneret, Thestorem se vocitari dixit, duabus filiis Leucippe et Theonoe amissis ad hunc exitum venisse, ut sibi scelus imperaretur. quod ille in se cum convertisset et vellet ipsum se interficere, Leucippe audito patris nomine gladium ei extorsit. quae ad reginam interficiendam ut veniret adiutorio, patrem Thestorem invocavit, Theonoe patris nomine audito indicat se filiam esse eius; Icarus autem rex agnitione facta cum muneribus eum in patriam remisit.

le. Er wurde ins Gefängnis geworfen dort, wo auch Theonoe weilte. Leukippe aber eilte nach des Vaters wie der Schwester Verlust nach Delphoi, ob man eine Suche nach jenen unternehmen solle. Da antwortete Apollon: „Als mein Priester walle durch die Lande, und du wirst jene finden." Nachdem Leukippe das Orakelwort vernommen hatte, schor sie ihr Haupthaar und zog als jugendlicher Priester rings durch die Lande aus, um zu suchen. Als sie nach Karien gekommen war und Theonoe sie erblickt hatte, wähnend, sie sei ein Priester, verliebt sie sich in diesen und befiehlt, daß er zu ihr geführt werde, damit sie mit ihm das Lager teile. Jene aber, weil sie eine Frau war, leugnet, daß dies geschehen könne. Theonoe aber gerät in Zorn und befiehlt, daß der Priester ins Schlafgemach eingeschlossen werde und irgendeiner aus dem Arbeitshause komme, damit er den Priester töte. Diesen zu morden aber wird der greise Thestor unkundig zu seiner Tochter gesandt. Theonoe doch erkannte ihn nicht und gibt ihm ein Schwert und heißet ihn den Priester töten. Als dieser eingetreten war und das Schwert hielt, sagte er, daß er gewöhnlich Thestor genannt werde und nach dem Verluste zweier Töchter, Leukippe und Theonoe, zu diesem Ende gekommen sei, daß ihm ein Frevel befohlen werde. Sowie jener deshalb wider sich [das Schwert] gekehrt hatte und sich selbst töten wollte, entwand ihm Leukippe, da sie des Vaters Namen vernommen, das Schwert. Damit sie aber zu der Königin Ermordung komme mit Beistand, wandte sie sich an ihren Vater Thestor, Theonoe doch, als sie des Vaters Namen vernommen, offenbart, daß sie dessen Tochter sei. Nachdem man sich aber wiedererkannt hatte, sandte König Ikaros jenen mit Geschenken in sein Vaterland zurück.

REX MIDAS

Midas rex Mygdonius filius Matris deae a Timolo arbiter sumptus eo tempore, quo Apollo cum Marsya vel Pane fistula certavit. Quod cum Timolus victoriam Apollini daret, Midas dixit Marsyae potius dandam. Tunc Apollo indignatus Midae dixit: „Quale cor in iudicando habuisti, tales et auriculas habebis.“ Quibus auditis effecit, ut asininas haberet aures. Eo tempore Liber pater cum exercitum in Indiam duceret Silenus aberravit, quem Midas hospitio liberaliter accepit atque ducem dedit, qui eum in comitatum Liberi deduceret. At Midae Liber pater ob beneficium deoptandi dedit potestatem, ut, quicquid vellet, peteret a se. A quo Midas petiit, ut, quicquid tetigisset, aurum fieret. Quod cum impetrasset et in regiam venisset, quicquid tetigerat, aurum fiebat. Cum iam fame cruciaretur, petit a Libero, ut sibi speciosum donum eriperet; quem Liber iussit in flumine Pactolo se abluere, cuius corpus aquam cum tetigisset, facta est colore aureo; quod flumen nunc Chrysorrhoas appellatur in Lydia.

HYAS

Atlas ex Pleione sive Aithra Oceanitide duodecim filias habuit et filium Hyantem. quem ab apro vel leone occisum dum lugent sorores ab eo luctu consumptae sunt. Ex his quinque

KÖNIG MIDAS

Der mygdonische König Midas, der Kybele Sohn, ward von Tmolos zum Schiedsrichter erkoren zu der Zeit, da Apollon mit Marsyas oder Pan zu einem musikalischen Wettstreit mit der Flöte antrat. Als Tmolos dem Apollon den Sieg zusprach, sagte Midas, er müsse eher dem Marsyas zugesprochen werden. Daraufhin sagte Apollon entrüstet zu Midas: „Wie beschaffen Herz du beim Richten getragen, so beschaffene Ohren auch sollst du tragen." Dieser Worte vermittelst wirkte er, daß jener Eselsohren trug. Als zu dieser Zeit Dionysos seine Heerscharen nach Indien führte, verirrte sich Seilenos. Midas nahm ihn freundlich in sein gastliches Haus auf und gab ihm einen Führer, auf daß er ihn zum Gefolge des Dionysos zurückführe. Doch dem Midas gab Dionysios seiner Wohltat wegen die Möglichkeit, was immer er wolle, von ihm zu erbitten. Midas erbat von ihm, daß, was auch immer er berühre, Gold werde. Nachdem er dies erlangt hatte und in sein Reich zurückgekommen war, wurde, was auch immer er berührt hatte, Gold. Als er bereits vom Hunger gemartert ward, erbat er von Dionysos, daß er ihm dies blendende Geschenk entreiße; Dionysos gebot ihm, sich im Flusse Paktolos abzuwaschen. Nachdem sein Leib das Wasser berührt hatte, nahm es güldene Farbe an; [daher] wird dieser Fluß in Lydien nun Chrysorrhoas genannt.

HYAS

Atlas hatte von Pleinoe oder Aithra, ebenfalls einer Okeanide, zwölf Töchter und einen Sohn, nämlich Hyas. Nachdem dieser von einem Eber oder einem Löwen war getötet worden, betrauerten ihn seine Schwestern und

primae inter sidera relatae locum habent inter cornua tauri, Phaesyla Ambrosia Coronis Eudora Polyxo: quae a fratris nomine appellantur Hyades; easdem latine Suculas vocant. quidam aiunt in modum Y literae positas inde Hyadas dici; nonnulli quod cum oriantur pluvias efficiant (est autem graece ὕειν pluere); sunt qui existiment ideo has in sideribus esse, quod fuerint nutrices Liberi patris, quas Lycurgus ex insula Naxo exegerat. Ceterae sorores postea luctu consumptae sidera factae sunt, et quia plures erant Pleiades dictae. nonnulli existimant ita nominatas, quia inter se coniunctae (quod est πλησίον) adeo autem confertae sunt, ut vix numerentur, nec unquam ullius oculis certum est sex an septem existimentur. earum nomina haec sunt: Electra Alcyone Celaeno Merope Sterope Taygeta et Maia. Ex quibus Electram negant apparere propter Dardanum amissum Troiamque sibi ereptam. alii existimant Meropen conspici erubescere, quia mortalem virum acceperit, cum ceterae deos haberent: ob eamque rem de choro sororum expulsa moerens crinem solutum gerit. quae cometes appellatur; sive longodes, quia in longitudinem producitur; sive xiphias, quia gladii mucronis effigiem producit: ea autem stella luctum portendit.

wurden von ihrer Trauer verzehrt. Aus diesen haben fünf, zuerst unter die Gestirne aufgenommen, ihren Platz zwischen des Stieres Hörnern, nämlich Phaisyla, Ambrosia, Koronis, Eudore und Polyxo. Sie werden nach des Bruders Namen Hyaden genannt; in lateinischer Sprache nennt dieselben man Suculae (Schweinchen). Manche sagen, sie werden Hyaden genannt, weil ihre Anordnung die Gestalt des Buchstabens „Y" bilde, einige aber, weil sie, wenn sie aufgehen, Regenschauern wirken (in griechischer Sprache aber heißt regnen ὕειν). Es gibt Gelehrte, die meinen, diese seien deshalb unter den Gestirnen, weil sie die Nährerinnen des Dionysos gewesen, welche Lykurgos von der Insel Naxos vertrieben hatte. Die übrigen Schwestern wurden später, von ihrer Trauer verzehrt, zu Gestirnen gemacht und, weil sie mehr waren, Pleiaden genannt. Einige meinen, sie seien so genannt, weil sie, miteinander verbunden (welches πλησίον bedeutet), so sehr dicht zusammengedrängt sind, daß sie kaum gezählt werden können und nicht jemals irgend jemandes Augen sicher ist, ob sie [für] sechs oder sieben gehalten werden sollen. Ihre Namen doch sind diese folgenden: Elektra, Alkyone, Kelaino, Merope, Sterope, Taygete und Maia. Sie sagen, von diesen zeige Elektra sich nicht, weil sie Dardanos verloren habe und Troia ihr entrissen worden sei. Andere meinen, Merope scheue sich, sich schauen zu lassen, da sie einen sterblichen Mann empfangen, während die übrigen Götter haben. Dieser Sache wegen aus dem Chor der Schwestern verstoßen, trägt sie trauernd ihr Haar gelöst. Sie wird „Haarstern" genannt oder „Langstern", da sie in die Länge sich zieht, oder „Schwertstern", da sie eines Schwertes Schneide Abbild hervorbringt. Dieser Stern aber kündet Trauer.

HARPALYCUS

Harpalycus rex Amymnorum Thrax cum haberet filiam Harpalycen, amissa matre eius vaccarum equarumque eam uberibus nutrivit et crescentem armis exercuit, habiturus successorem regni sui. postmodum nec spes paternas puella decepit; nam tantum bellatrix evasit ut etiam saluti fuerit parenti. nam revertens a Troia Neoptolemus cum expugnaret Harpalycum gravique eum vulnere affecisset, illa periturum patrem impetu facto conservavit fugavitque hostem. sed postea Harpalycus per seditionem civium interfectus est. Harpalyce graviter tum ferens patris mortem contulit se in silvas ibique vastando iumentorum stabula tandem pastorum concursu interiit.

ARION

Arion Methymnaeus cum esset arte citharae potens, rex Periandrus Corinthius eum dilexit. qui cum a rege petiisset per civitates artem suam illustrare et magnum patrimonium acquisisset, consenserunt famuli cum nautis ut eum interficerent, cui Apollo in quietem venit, eique dixit ut ornatu suo et corona decantaret et eis se traderet, qui ei praesidio venissent. quem cum famuli et nautae vellent interficere, petit ab eis ut ante decantaret. cum autem citharae sonus et vox eius audiretur, delphini circa navem vene-

HARPALYKOS

Der Thraker Harpalykos, König der Amymnaier, hatte eine Tochter, nämlich Harpalyke. Nach dem Verluste ihrer Mutter ließ er sie an den Eutern seiner Kühe und Rosse nähren und die erwachsende in der Waffen Kunst ausbilden, damit er jemanden habe, der ihm auf seinem Throne Nachfolge. Und nicht enttäuschte die Maid späterhin die väterlichen Hoffnungen. Denn sie ward so sehr zum Kriegführen geschickt, daß sie sogar dem Vater zur Rettung gereichte. Denn als Neoptolemos, von Troia zurückkehrend, Harpalykos bezwang und ihm eine schwere Wunde zugefügt hatte, rettete jene ihren todgeweihten Vater, indem sie einen Angriff unternahm und den Feind in die Flucht schlug. Später doch wurde Harpalykos im Verlauf einer Erhebung der Bürger getötet. Weil aber Harpalyke des Vaters Tod damals schwer trug, begab sie sich in die Wälder, verheerte der Zugtiere Stallungen und kam so bei einem Zusammenlauf der Hirten um.

ARION

Weil Arion aus Mithymna der Kitharoidenkunst mächtig war, schätzte ihn König Periandros von Korinth hoch. Nachdem jener den König um Erlaubnis gebeten, durch die Gemeinden hin seine Kunst berühmt zu machen, und ein großes Vermögen erworben hatte, kamen seine Diener mit den Schiffern überein, ihn zu töten. Doch Apollon erschien ihm im Traume und sagte ihm, daß er in seinem Sängerkleide und mit dem Kranze [ein Lied] hersingen und sich denen überliefern solle, welche ihm zu Hilfe kommen werden. Als ihn aber seine Diener und die Schiffer töten wollten, erbat er von ihnen, daß er zuvor [ein

runt, quibus ille visis se praecipitavit. qui eum sublatum attulerunt Corinthum ad regem Periandrum. qui cum ad terram exisset, cupidus viae delphinum in mare non propulit: qui ibi exanimatus est. qui cum casus suos Periandro narrasset, iussit Periandrus delphinum sepeliri et ei monimentum fieri. Post paucum tempus nunciatur Periandro navem Corinthum delatam tempestate, in qua Arion vectatus fuerat. quos cum perduci ad se imperasset de Arione inquireret, dixerunt eum obisse et eum sepulturae tradidisse. quibus rex respondit: ‚crastino die ad delphini monimentum iurabitis'. Ob id factum eos custodiri imperavit atque Arionem iussit ita ornatum quomodo se praecipitaverat in monimento delphini mane delitescere. cum autem rex eos adduxisset iussissetque eos per delphini manes iurare Arionem obisse, Arion de monimento prodit. quod illi stupentes qua divinitate servatus esset, obmutuerunt. quos rex iussit ad delphini monimentum crucifigi. Apollo autem propter artem citharae Arionem et delphinum in astris posuit.

ORION

Iovis Neptunus Mercurius in Thraciam ad Hyrieum regem in hospitium venerunt. qui ab eo

Lied] hersingen dürfe. Da jedoch der Kithara Klang und seine Stimme vernommen ward, kamen Delphine rings um das Schiff. Sowie jener diese erblickt hatte, stürzte er sich hinab. Sie aber nahmen ihn auf und trugen ihn nach Korinth zu König Periandros. Nachdem er an Land gestiegen war, schob er, begierig des Weges, den Delphin nicht [wieder] ins Meer zurück. Daher starb jener dort. Nachdem er seine Geschicke dem Periandros erzählt hatte, befahl Periandros, daß der Delphin bestattet und ihm ein Denkmal errichtet werde. Nach kurzer Zeit wird Periandros gemeldet, daß durch einen Sturm das Schiff, auf welchem Arion geführt worden war, nach Korinth verschlagen worden sei. Als er befohlen hatte, daß jene zu ihm geführt werden, und sie über Arion ausfragte, sagten sie, daß dieser gestorben sei und sie ihn begraben haben. Der König doch antwortete ihnen: „Am morgenden Tage werdet ihr beim Denkmale des Delphines schwören.“ Wegen dieser Handlung befahl er, daß jene bewacht werden, und hieß Arion, so gekleidet, wie er sich hinabgestürzt hatte, sich am Morgen beim Denkmale des Delphins zu verbergen. Nachdem aber der König jene herangeführt und sie geheißen hatte, bei den Manen des Delphins zu schwören, daß Arion gestorben sei, trat Arion von dem Denkmale hervor. Jene aber, darob staunend, von welcher Gottheit er errettet worden sei, verstummten. Der König jedoch befahl, daß jene beim Denkmal des Delphins gekreuzigt werden. Apollon aber versetzte seiner Kitharoidenkunst wegen Arion und den Delphin unter die Sterne.

ORION

Zeus, Poseidon und Hermes kamen nach Thrakien zu König Hyrieus in gastlich Haus. Weil sie von diesem

cum liberaliter essent excepti, optionem ei dederunt, ut, si quid vellet, ab iis exposceret. Ille liberos optavit. Mercurius de tauro, quem Hyrieus ipse eis immolarat, corium protulit. illi in eum urinam fecerunt et in terram obruerunt; unde natus est Orion. Qui cum Dianam vellet violare, ab ea est interfectus. postea ab Iove in stellarum numerum est relatus. quam stellam Orionem vocant.

PAN

Dii in Aegypto cum Typhonis immanitatem metuerunt, Pan iussit eos, ut feras bestias se converterent, quo facilius eum deciperent. quem Iovis postea fulmine interfecit: Pan deorum voluntate, quod eius monitu vim Typhonis evitarant, in astrorum numerum relatus, et quod se in capram eo tempore converterat, inde aegocerus est dictus, quem nos capricornum dicimus.

VENUS

In Euphratem flumen de caelo ovum mira magnitudine cecidisse dicitur, quod pisces ad ripam evolverunt, super quod columbae consederunt et excalfactum exclusisse Venerem, quae postea dea Syria est appellata; ea iustitia et probitate cum ceteros exsuperasset, ab Iove optione data

aber freundlich waren aufgenommen worden, gewährten sie ihm freie Wahl, daß er, falls er irgend etwas wolle, es von ihnen erbitten möge. Jener also wünschte sich Kinder. Hermes doch holte von dem Stiere, welchen Hyrieus selbst ihnen geopfert hatte, die Haut hervor. Jene aber gossen ihren Samen in diese und versenkten sie in die Erde. Daraus jedoch erstand Orion. Als dieser Artemis entehren wollte, ward er von ihr getötet. Später allerdings wurde er von Zeus unter der Sternbilder Zahl aufgenommen. Dieses Sternbild wird Orion genannt.

PAN

Weil die Götter in Ägypten die ungeheuere Wildheit des Typhon fürchteten, hieß Pan sie, sich in wilde Tiere zu verwandeln, damit sie ihn dadurch leichter täuschen. Zeus tötete den Typhon später mit seinem Blitze. Pan doch ward gemäß der Götter Willen, weil sie durch dessen bedeutend Wort des Typhon Gewalt entgangen, unter der Sternbilder Zahl aufgenommen, und weil er sich zu jener Zeit in eine Ziege verwandelt hatte, daher ist er αἰγοκέρως (Steinbock) genannt, welchen wir Capricornus nennen.

APHRODITE

Man sagt, daß ein Ei von wunderlicher Größe aus dem Himmel in den Euphrat gefallen sei. Dieses wälzten Fische an das Ufer, Tauben ließen sich darauf nieder, wärmten es und ließen so Aphrodite heranreifen, welche später Syrische Göttin genannt ward. Weil sie an Gerechtigkeit und Rechtschaffenheit die übrigen übertraf, wurden die Fische, nachdem

pisces in astrorum numerum relati sunt, et ob id Syri pisces et columbas ex deorum numero habentes non edunt.

NISUS

Nisus Martis filius sive ut alii dicunt Deionis filius rex Megarensium in capite crinem purpureum habuisse dicitur. cui responsum fuit tam diu eum regnaturum quamdiu eum crinem custodisset. quem Minos Iovis filius oppugnatum cum venisset, a Scylla Nisi filia Veneris impulsu est amatus, quem ut victorem faceret patri dormienti fatalem crinem praecidit. itaque Nisus victus a Minoe est. cum autem Minos Cretam rediret, eum ex fide data rogavit, ut secum aveheret. Ille negavit Creten sanctissimam tantum scelus recepturam. illa se in mare praecipitavit, ne pater persequeretur. Nisus autem dum filiam persequitur, in avem haliaeton id est aquilam marinam conversus est, Scylla filia in piscem, cirim quem vocant. hodieque si quando ea avis eum piscem natantem conspexerit, mittit se in aquam raptumque unguibus dilaniat.

SCYLLA ALTERA

Scylla Crataeidis fluminis filia virgo formosissima dicitur fuisse: hanc Glaucus amavit, Glaucum autem Circe Solis filia. Scylla autem cum

Zeus ihr freien Wunsch zugestanden, unter die Sternbilder aufgenommen, und deshalb essen die Syrer keine Fische und Tauben, weil sie diese zu den göttlichen Wesen rechnen.

NISOS

Nisos, des Ares Sohn oder, wie andere sagen, des Deion Sohn, König der Megarenser, soll auf seinem Haupte ein purpurn Haar gehabt haben. Ihm war orakelt worden, er werde so lange regieren, wie lange er dieses Haar beschirme. Als aber Minos, des Zeus Sohn, gekommen war zu bestürmen, verliebte sich Skylla, des Nisos Tochter, von Aphrodite getrieben, in ihn. Auf daß sie ihn aber zum Sieger mache, schnitt sie ihrem Vater, während er schlief, das schicksalsträchtige Haar ab. Daher ward Nisos von Minos besiegt. Als aber Minos nach Kreta zurückkehrte, bat sie ihn gemäß gegebenem Treuwort, daß er sie mit sich fortführe. Jener doch sagte, daß die hochheilige Kreta eine so große Frevlerin nicht aufnehmen werde. Jene aber stürzte sich ins Meer, damit ihr Vater sie nicht verfolge. Während Nisos jedoch die Tochter verfolgte, ward er in den ἁλιαίετος, dies ist der Meeradler, verwandelt, seine Tochter Skylla in den Fisch, welcher Keiris genannt wird. Auch heute noch, wenn dieser Vogel irgendeinmal diesen Fisch schwimmen schaut, stürzt er sich ins Wasser und zerfetzt den Gerafften mit seinen Klauen.

DIE ANDERE SKYLLA

Skylla, des Flusses Krataiis Tochter, soll eine Jungfrau von berauschender Schöne gewesen sein. Glaukos liebte sie, den Glaukos aber Kirke, des Helios Tochter. Weil Skylla doch

assueta esset in mari lavari, Circe Solis filia propter zelum medicamentis aquam inquinavit: quo Scylla cum descendisset, ab inguinibus eius canes sunt nati atque ferox facta. quae postea iniurias suas executa est; nam Ulyssem praenavigantem sociis spoliavit.

CHIONE

Cum Chione, sive ut alii poetae dicunt Philonide, Daedalionis filia, Apollo et Mercurius una nocte concubuisse dicitur. ea peperit ex Apolline Philammonem ex Mercurio Autolycum. quae postea in venatione in Dianam est locuta superbius. Itaque ab ea sagittis est interfecta. at pater Daedalion unicam filiam flendo ab Apolline est conversus in avem daedalionem id est accipitrem.

AUTOLYCUS

Mercurius Autolyco, ex Chione quem procreaverat, muneri dedit ut furacissimus esset nec deprehenderetur in furto; ut quicquid surripuisset in quamcunque effigiem vellet transmutaretur, ex albo in nigrum vel ex nigro in
album, in cornutum ex mutilo in mutilum ex cornuto. is cum Sisyphi pecus assidue involaret nec ab eo posset deprehendi, sensit eum furtum sibi facere, quod illius numerus augebatur et suus minuebatur. qui ut eum deprehenderet in pecorum ungulis notam imposuit. qui cum so-

gewohnt war, sich im Meere zu baden, netzte Kirke, des Helios Tochter, ihrer Eifersucht wegen das Wasser mit Giften. Als Skylla dort hinabgestiegen war, erwuchsen aus ihrem Unterleibe Hunde und sie ward ein wildes Tier, welches später das Unrecht wider sich rächte. Als nämlich Odysseus vorüberschiffte, beraubte sie ihn seiner Gefährten.

CHIONE

Mit Chione oder, wie andere Dichter sagen, Philonis, des Daidalion Tochter, sollen Apollon und Hermes in einer Nacht das Lager geteilt haben. Sie gebar also von Apollon Philammon, von Hermes Autolykos. Später aber sprach sie gelegentlich einer Jagd zu hochmütig wider Artemis. Daher wurde sie von jener mit deren Pfeilen getötet. Doch ihr Vater Daidalion wurde, während er seine einzige Tochter beweinte, von Apollon in den Vogel Daidalion verwandelt, dies doch ist der Falke.

AUTOLYKOS

Hermes gab dem Autolykos, welchen er mit Chione gezeugt hatte, zu Geschenke, daß er im höchsten Maße diebisch sei und beim Diebstahle nicht ergriffen werde, daß, was auch immer er sich heimlich werde unter den Nagel gerissen haben, in welche auch immer Gestalt er wolle, sich werde verwandeln können, aus Weißem in Schwarzes oder aus Schwarzem in Weißes, in Gehörntes aus Enthörntem, in Enthörntes aus Gehörntem. Als er aber des Sisyphos Vieh beständig wegnahm und von diesem nicht erkannt werden konnte, merkte Sisyphos, daß jener ihn bestehle, weil jenes Zahl sich mehrte und seine min-

lito more involasset et Sisyphus ad eum venisset pecora sua ex ungulis deprehendit, quae ille involavit et abduxit. qui cum ibi moraretur, Sisphus Anticliam Autolyci filiam compressit. quae postea Laertae data est in coniugium, ex qua natus est Ulysses. ideo nonnulli auctores dicunt Sisyphi filium. ob hoc Ulysses versutus fuit.

CORONIS

Apollo cum Coronida Phlegyae filiam gravidam fecisset, corvum custodem ei dedit, ne quis eam violaret. cum ea Ischys Elati filius concubuit. ob id ab Iove fulmine est interfectus: Apollo Coronidem gravidam percussit et interfecit. cuius ex utero exsectum Asclepium educavit. at corvum cui custodiam praebuerat ex albo in nigrum commutavit.

DAPHNE

Apollo Daphnen Penei fluminis filiam virginem cum persequeretur, illa a Terra praesidium petit, quae eam recepit in se et in arborem laurum commutavit. Apollo inde ramum fregit et in caput imposuit.

derte. Dieser aber, damit er jenen fasse, brachte an seiner Herdentiere Zehen ein Kennzeichen an. Nachdem jener gemäß gewohntem Brauche [wieder] gestohlen hatte und Sisyphos zu ihm gekommen war, erkannte er an den Zehen seine Herdentiere, welche jener gestohlen und weggeführt hatte. Während er aber dort weilte, tat Sisyphos Antikleia, des Autolykos Tochter, Gewalt an. Später doch ward sie Laertes zu Gemahl gegeben und wurde des Odysseus Mutter. Daher nennen ihn einige Autoren des Sisyphos Sohn. Deshalb auch ist Odysseus listig gewesen.

KORONIS

Nachdem Apollon Koronis, des Phlegyas Tochter, umfangen hatte, gab er ihr als Wächter einen Raben bei, damit nicht irgendeiner sie entehre. Ischys, des Elatos Sohn, jedoch teilte mit ihr das Lager. Deshalb ward er von Zeus mit dem Blitz erschlagen. Apollon doch durchbohrte die schwangere Koronis und tötete sie. Aus ihrem Mutterleibe aber ließ er Asklepios herausschneiden und erziehen. Den Raben jedoch, welchem er das Wächteramt übergeben hatte, verwandelte er aus einem weißen in einen schwarzen.

DAPHNE

Als Apollon Daphne, des Flußgottes Peneios jungfräuliche Tochter, verfolgte, erbat jene von der Erde Schutz, welche sie in sich aufnahm und in den Lorbeerbaum verwandelte. Apollon brach daher einen Zweig ab und wand ihn um sein Haupt.

NYCTIMENE

Nyctimene Epopei regis Lesbiorum filia virgo formosissima dicitur fuisse. hanc Epopeus pater amore incensus compressit: quae pudore tacta silvis occultabatur. quam Minerva miserata in noctuam transformavit, quae pudoris causa in lucem non prodit sed noctu paret.

ARGE

Arge venatrix cum cervum sequeretur, cervo dixisse fertur: ‚tu licet Solis cursum sequaris, tamen te consequar'. Sol iratus in cervam eam convertit.

HARPALYCE

Clymenus Shoenei filius rex Arcadiae amore captus cum Harpalyce filia sua concubuit. ea cum peperisset, in epulis filium apposuit patri: Clymenus pater re cognita Harpalycen interfecit.

ARCHELAUS

Archelaus Temeni filius exul a fratribus eiectus in Macedoniam ad regem Cisseum venit. qui cum a finitimis oppugnaretur Archelao regnum et filiam in coniungium dare pollicetur si se ab hoste tutatus esset. Archelaus, quia ab Hercu-

NYKTIMENE

Nyktimene, des Epopeus, des Königes der Lesbier Tochter, soll eine Jungfrau berauschender Schöne gewesen sein. Ihr Vater Epopeus, in Liebe entbrannt, tat ihr Gewalt an. Von Scham ergriffen, verbarg sie sich in den Wäldern. Athene doch erbarmte sich ihrer und verwandelte sie in eine Nachteule, welche ihrer Scham wegen nicht ans Licht hervortritt, sondern des Nachts erscheint.

ARGE

Als die Jägerin Arge einen Hirschen verfolgte, soll sie zu dem Hirschen gesagt haben: „Magst du auch des Helios Laufe folgen, ich werde dennoch dich erhaschen.“ Darob erzürnt, verwandelte sie Helios in eine Hindin.

HARPALYKE

Klymenos, des Schoineus Sohn, König zu Arkadien, wohnte, von Liebe ergriffen, seiner Tochter Harpalyke bei. Nachdem sie geboren hatte, ließ sie ihrem Vater ihren Sohn beim Mahle auftragen. Als Klymenos den Sachverhalt erfaßt hatte, tötete er Harpalyke.

ARCHELAOS

Archelaos, des Temenos Sohn, kam ein Heimatloser, von seinen Brüdern verbannt, nach Makedonien zu König Kisseus. Weil dieser von seinen Nachbarn befehdet ward, verspricht er, dem Archelaos seine Krone und seine Tochter zu Gemahl zu geben, so er ihn vor seinem Feinde schütze.

le esset oriundus (nam Temenus Herculis filius fuit) hostes uno proelio fugavit et ab rege pollicita petit. ille ab amicis dissuasus fidem fraudavit, eumque per dolum interficere voluit. itaque foveam iussit fieri et multos carbones eo ingeri et incendi et super virgulta tenuia poni, quo cum Archelaus venisset ut decideret. hoc regis servus Archelao patefecit. qui re cognita dicit se cum rege colloqui velle secreto. arbitris remotis Archelaus regem arreptum in foveam coniecit atque ita eum perdidit. inde profugit ex responso Apollinis in Macedoniam capra duce oppidumque ex nomine caprae Aegeas constituit. ab hoc Alexander magnus oriundus dicitur.

CURA

Cura cum quendam fluvium transiret, vidit cretosum lutum, sustulit cogitabunda et coepit fingere hominem. Dum deliberat secum quidnam fecisset, intervenit Iovis; rogat eum Cura, ut ei daret spiritum, quod facile ab Iove impetravit. Cui cum vellet Cura nomen suum imponere, Iovis prohibuit suumque nomen ei dandum esse dixit. Dum de nomine Cura et Iovis disceptarent, surrexit et Tellus suumque nomen ei imponi debere dicebat, quandoquidem corpus suum praebuisset. Sumpserunt Saturnum iudicem; quibus Saturnus aequus videtur iudicasse:

Archelaos, da er von Herakles abstammte (denn Temenos ist ein Sohn des Herakles gewesen), schlug die Feinde in einer einzigen Schlacht in die Flucht und erbat vom König das Versprochene. Der aber, weil ihm seine Freunde widerraten hatten, brach sein Treuwort und trachtete, Archelaos durch eine List zu töten. Daher befahl er, daß eine Grube gegraben und viele Kohlen dort hineingeschüttet und angezündet und darauf dünnes Strauchwerk gelegt werde, damit, wenn Archelaos dorthin gekommen, er hinabstürze. Doch ein Diener des Königs eröffnete dies dem Archelaos. Als er aber den Sachverhalt erfahren, sagt er, daß er sich mit dem Könige unter vier Augen bereden wolle. Nachdem alle Zeugen waren entfernt worden, ergriff Archelaos den König, stürzte ihn in die Grube und vernichtete ihn so. Hierauf aber floh er gemäß einem Orkaleworte des Apollon unter Führung einer Ziege nach Makedonien und erbaute die Stadt Aigai nach dem Wort Ziege. Von ihm aber soll Alexandros der Große abstammen.

DIE SORGE

Als die Sorge einen Fluß überschritt, erblickte sie tonreichen Dreck, hub ihn gedankenvoll auf und begann, einen Menschen zu formen. Während sie bei sich überlegte, was sie denn da geschaffen habe, trat Iuppiter hinzu. Die Sorge bat ihn, jenem Odem zu geben, was Iuppiter ihr gerne gewährte. Als die Sorge jenem ihren Namen geben wollte, hinderte Iuppiter und sagte, sein Name müsse jenem gegeben werden. Während die Sorge und Iuppiter des Namens betreffs in Widerspruch standen, erhub sich auch Tellus und sagte, ihr Name müsse jenem gegeben werden, da nun einmal sie den Leib dargeboten habe. Sie erkoren Saturnus zum Richer. Saturnus schien ihnen gerecht ent-

„Tu, Iovis, quoniam spiritum dedisti, animam post mortem accipe; Tellus, quoniam corpus praebuit, corpus recipito. Cura quoniam prima eum finxit, quamdiu vixerit, Cura eum possideat; sed quoniam de nomine eius controversia est, homo vocetur, quoniam ex humo videtur esse factus."

QUI INTER SE AMICITIA IUNCTISSIMI FUERUNT

In Sicilia Dionysius tyrannus crudelissimus cum esset suosque cives cruciatibus interficeret, Moeros tyrannum voluit interficere; quem satellites cum deprehendissent armatum, ad regem perduxerunt. Qui interrogatus respondit se regem voluisse interficere; quem rex iussit crucifigi; a quo Moerus petit tridui commeatum, ut sororem suam nuptui collocaret, et daret tyranno Selinuntium amicum suum et sodalem, qui sponderet eum tertio die venturum. Cui rex indulsit commeatum ad sororem collocandam dicitque rex Selinuntio, nisi ad diem Moerus veniret, eum eandem poenam passurum et dimitti Moerum. Qui collocata sorore cum reverteretur, repente tempestate et pluvia orta, flumen ita increvit ut nec transiri nec transnatari posset; ad cuius ripam Moerus consedit et flere coepit, ne amicus pro se periret. Phalaris autem Selinuntium crucifigi cum iuberet, ideo quod horae sex tertii iam diei essent nec veniret Moerus, cui Selinuntius respondit diem adhuc non praeteriisse. Cumque

schieden zu haben: „Du, Iuppiter, da du ja den Odem gegeben, empfange seiner Seele Hauch nach seinem Tode. Tellus, da sie ja den Leib dargeboten, soll den Leib zurücknehmen. Da aber die Sorge zuerst ihn ja gebildet, soll, solange er lebt, die Sorge ihn besitzen. Doch da ja seines Namens betreffs Uneinigkeit besteht, werde er ‚homo' (Mensch) genannt, da er ja augenscheinlich aus ‚humus' (Erde) geschaffen ist."

MOIROS UND SELINUNTIUS – EINE SEELE IN ZWEI LEIBERN

Als auf Sizilien Dionysios, ein überaus grausamer Tyrann, herrschte und seine Bürger mit Martern mordete, wollte Moiros den Tyrannen töten. Nachdem aber dessen Leibwächter ihn bewaffnet ergriffen hatten, führten sie ihn zum Könige. Er ward verhört und antwortet, er habe den König töten wollen. Da gab der König Befehl, ihn zu kreuzigen. Moiros aber bat ihn um drei Tage Aufschub, damit er seine Schwester verheirate, und gab dem Tyrannen Selinuntius, seinen Freund und treuen Gefährten, als Bürgen, daß er am dritten Tag erscheinen werde. Der König aber gewährte ihm Aufschub, damit er seine Schwester verheirate, und sagte zu Selinuntius, wenn Moiros nicht auf den Tag genau komme, müsse er die nämliche Strafe erleiden und Moiros werde entlassen. Nachdem dieser jedoch die Schwester verheiratet hatte und zurückkehrte, erhub sich plötzlich ein Sturm und Regenschauern gingen hernieder und der Strom schwoll so sehr an, daß er weder durchschritten noch durchschwommen werden konnte. Moiros setzte sich an dessen Ufer und begann, weinend zu flehen, daß nicht der Freund für ihn zugrunde gehen möge. Als der Phalaris [54] aber befahl, Selinuntius zu kreu-

iam horae novem essent, rex iubet duci Selinuntium in crucem. Qui cum duceretur, vix tandem Moerus liberato flumine consequitur carnificem exclamatque a longe: „Sustine carnifex, adsum quem spopondit.“ Quod factum regi nuntiatur; quos rex ad se iussit perduci rogavitque eos, ut se in amicitiam reciperent, vitamque Moero concessit.

HARMODIUS ET ARISTOGITON

Item in Sicilia eundem Phalarim Harmodius cum vellet interficere, simulationis causa scrofam porcellos habentem occidit et venit ad Aristogitonem amicum suum ense sanguinolento dicitque se matrem interfecisse rogatque eum, ut se celaret. Qui cum ab eo celaretur, rogavit Aristogitonem, ut progrederetur rumoresque, qui essent de matre, sibi renuntiaret. Renuntiavit nullos esse rumores. Qui vesperi ita litem contraxerunt, ut alius alio potiora ingererent, nec ideo Aristogiton voluit obicere eum matrem interfecisse. Cui Harmodius patefecit se scrofam porcellos habentem interfecisse et ideo matrem dixisse; cui indicat se regem velle interficere rogatque eum, ut sibi adiutorio esset. Qui cum ad regem interficiendum venissent, deprehensi sunt a satellitibus armati, et cum perducerentur

zigen, weil bereits sechs Stunden des dritten Tages verstrichen seien, doch Moiros nicht komme, erwiderte ihm Selinuntius, noch sei der Tag nicht vorübergegangen. Und als schon neun Stunden verflossen waren, befiehlt der König, Selinuntius zum Kreuze zu führen. Während er aber zur Richtstatt geführt ward, erreicht Moiros, nachdem der Fluß wieder passierbar, den Scharfrichter und ruft von fern: „Halt ein, Henker, da bin ich, für den er gebürget." Dies Ereignis wird dem Könige gemeldet. Der König doch ließ beide zu sich führen, bat sie, ihn in ihren Freundschaftsbund aufzunehmen, und schenkte dem Moiros das Leben.

HARMODIOS UND ARISTOGEITON

Als ebenfalls auf Sizilien Harmodios denselben Phalaris morden wollte, tötete er der Vorspiegelung wegen eine Sau, die Junge hatte, und kommt zu Aristogeiton, seinem Freunde, mit blutigem Schwert und sagt, er habe die Mutter getötet, und bittet diesen, ihn zu verbergen. Während er von diesem verborgen gehalten ward, bat er den Aristogeiton, hinauszugehen und ihm die Gerüchte, welche betreffs der Mutter im Umgange seien, zu hinterbringen. Er meldete, es gebe keine Gerüchte. Des Abends hatten sie einen derartigen Streit, daß sie einander immer Gewichtigeres vorhielten, und doch wollte Aristogeiton ihm deshalb nicht vorwerfen, daß er seine Mutter getötet habe. Harmodios eröffnete ihm, er habe eine Sau, die Junge hatte, getötet und deshalb „Mutter" gesagt. Er zeigt ihm an, daß er den König töten wolle, und bittet ihn, ihm zu helfen. Als sie gekommen waren, den König zu töten, wurden sie von den Leibwächtern bewaffnet er-

ad tyrannum, Aristogiton a satellitibus effugit, Harmodius autem solus cum perductus esset ad regem quaererentque ab eo, quis ei fuisset comes, ille, ne amicum proderet, linguam dentibus sibi praecidit eamque regis in faciem inspuit.

griffen, und während sie zum König abgeführt wurden, entkam Aristogeiton den Leibwächtern. Nachdem Harmodios aber allein zum Könige geführt worden war und sie ihn fragten, wer sein Begleiter gewesen sei, biß jener sich, damit er den Freund nicht verraten könne, mit seinen Zähnen die Zunge ab und spuckte sie dem König ins Gesicht.[55]

APPENDIX

1 Korybanten sind die lärmenden Waffentänzer, welche den Kult der phrygischen Kybele umschwärmen.

2 Leto ist sonst als Tochter des Koios und der Phoibe bekannt. Allein Hyginus läßt sie von einem Polos abstammen.

3 Diese ist nicht zu verwechseln mit Ortygia vor der Ostküste Siziliens.

4 Der Plural bezeichnet die beiden Rohre der Doppelflöte, des Aulos, welcher ursprünglich aus Bein („tibia“ bedeutet „Schienbeinknochen“) gefertigt war.

5 Die Skythen waren berittene Nomaden, welche im Süden Rußlands hausten und wegen ihrer Rohheit und barbarischen Unkultiviertheit berüchtigt waren. Der berühmteste aller Skythen ist allerdings einer der weisesten Männer überhaupt gewesen: Anacharsis (um 600 v. Chr.) zählt zu den Sieben Weisen.

6 Flötist aus Kleinasien, der den aulosbegleiteten Nomos nebst dem kitharodischen etablierte. Auch ihm wird die Erfindung der Doppelflöte und die Einführung des Flötensolos zugeschrieben.

7 πᾶν bedeutet „alles“, δῶρον aber „Gabe“.

8 Dieser Satz ist freilich reichlich unverständlich.

9 βοῦς bedeutet „Rind“, πόρος aber „Furt“.

10 Gemeint ist Afrika.

11 ὕδωρ bedeutet „Wasser“. Die Hydra war also eine Wasserschlange.

12 Ganz offensichtlich entschöpft Hyginus, der ohne Zweifel ein hochgelehrter Mann gewesen ist, hier einer Quelle, welche die Gorgonen, derer eine Medusa gewesen, von einem gewissen Gorgon abstammen läßt. Meines Wissens ist heute weder diese Quelle noch Gorgon mehr bekannt. Wir kennen die drei Gorgonen als Töchter des Phorkys und der Keto.

13 Wie Hellia (→ Hölle) in der germanischen Mythologie ist Tartaros in der griechischen Mythologie die personifizierte Unter-

welt, wobei unsere Vorstellungen von Hölle mehr dem Tartaros entsprechen.

14 Der Tisch heißt zu Griechisch τράπεζα.

15 Sooft ich auch nachzähle, ich komme stets und immer wieder auf einundzwanzig.

16 βοῦς bedeutet „Rind“.

17 Eine Spezialität der Magierin Medeia war die Verwandlung alter Wesen in junge.

18 Auch hier könnte man nun freilich den gewitzten Spürsinn von der Leine lassen und den Scharfsinn, wie Seneca so trefflich sagt, an überflüssigen Fragen abwetzen.

19 λευκός bedeutet „weiß“, θεά aber „Göttin. Leukothea ist also der personifizierte Meerschaum, welcher die Wogen der Salzflut bekrönt.

20 Dieser ist der Widder Chrysomallos. Sein Name ist sprechend und bedeutet „das güldene Vließ“.

21 πόντος bedeutet „Meer“, „Hellespontos“ also „Meer der Helle“.

22 Es scheint, als verwechselte Hyginus hier Thoas, den Vater der Hypsipyle, mit Thoas, dem Könige von Tauris.

23 ἁρπάζειν bedeutet „rauben“. Die Harpyien sind also Räuberinnen (der Speisen).

24 σύν bedeutet „zusammen“, πλήσσειν aber „schlagen“. Die Symplegaden sind also „die Zusammenschlagenden“.

25 Die Griechen fürchteten den ungestümen Gott des Schwarzen Meeres so sehr, daß sie nicht wagten, ihn bei seinem wahren Namen ungastlich zu nennen, sondern ihn euphemistisch gastlich zu nennen pflegten: eu!ceinoj bedeutet „gastlich“.

26 Kreusa ist Glauke. Hyginus bedient sich in dieser Erzählung beider Namen.

27 Das heißt, daß sie stirbt.

28 Hier liegt einer der im griechischen Mythos seltenen Fälle vor, da von Göttern und Sterblichen moralische Größe bewiesen wird.

29 2250 m.

30 Νεφέλη bedeutet „Wolke“. Sie war ein Trugbild in Gestalt der Hera.

31 Diese Aganippe ist nicht mit der Quellnymphe Aganippe auf dem Helikon zu verwechseln, welche den Dichtern, die aus ihrer Quelle tranken, Inspiration lieh.

32 Diktys gehört wie Hippolytos zu den wenigen Gestalten des griechischen Mythos, die sich durch einen umfassend edlen Charakter auszeichnen: Obschon des Polydektes Bruder, war er als Fischer tätig, in welcher Eigenschaft er Perseus und dessen Mutter aus den Fluten rettete. Dieser Tat wegen und weil er der Danae Ehre gegen seinen Bruder verteidigt hatte, setzte ihn Perseus nach des Polydektes Tod auf den Thron.

33 Andere erzählen die bekanntere Version, wonach Polydektes keineswegs edel war. Vielmehr trachtete er, Danae gegen deren Willen zur Gattin zu nehmen. Da Perseus und Diktys dies zu hindern suchten, entsandte er Perseus, das Haupt der Medusa zu beschaffen, welches dieser tatsächlich erringen konnte. Als er nach langen und abenteuerlichen Reisen zurückgekehrt war, zeigte er dem Polydektes das Antlitz der Medusa und verwandelte ihn so in Stein (vgl. Andromeda).

34 Die Nereiden sind die 50 Töchter des Nereus und der Okeanide Doris, welche im Gefolge des Poseidon einherschreiten. Die berühmtesten der Nereiden sind Amphitrite, des Poseidon Gattin, und Thetis, des Peleus Gattin, der 50 Schwestern schönste.

35 Eigentlich: „Kassiopeia stellte ihrer Tochter Andromeda Schönheit der Schönheit der Nereiden voran.“ Die hier verwendete Ökonomieformel nennt man comparatio compendiaria. Diese insbesondere bei Caesar und Cicero vorkommende Figur läßt sich gut auch im Deutschen wiedergeben.

36 Kepheus war König der Äthiopier. Seine Gattin war Kassiopeia, die entweder sich oder ihre Tochter für schöner hielt denn die Nereiden.

37 Hier kann ein Eigenname gelesen werden: Keto („Walfisch") ist die Tochter des Pontos und der Gaia. Wie viele Kinder der Gaia wird sie als Scheusal vorgestellt. Sie selbst ist Mutter einiger der berühmtesten Ungeheuer (Gorgonen, Graien, Echidna, Ladon). Es liegt das altgriechische Substantiv κῆτος zugrunde, welches ein Seemonster, eine Art Leviathan, oder einen großen Fisch bezeichnet und vermutlich mit dem lateinischen squatus, einer Art Haifisch, zusammenklingt.

38 Nicht nachvollziehbar ist, weshalb hier Agenor genannt wird. Weit besser überliefert ist, daß Phineus, Sohn des Belos und Bruder des Kepheus, mit Perseus konkurrierte. Belos hatte allerdings einen Bruder, der Agenor hieß. Dieser Onkel des Phineus kann hier aber unmöglich eine Rolle gespielt haben, befindet er sich doch in einem ganz anderen Sagenkreise. – Carl Ditters von Dittersdorf (1739 – 1799) hat die Versteinerung des Phineus und seiner Freunde in eine großartige Symphonie vertont (Symphonie Nr. 6 nach Ovids Metamorphosen).

39 Bekannter ist diese Version: Androgeos hatte zu Athen in allen sportlichen Disziplinen alle übertroffen und so zwar die Gunst der Pallantiden errungen, nicht aber des Aigeus, welcher fürchtete, die Pallantiden, seines Bruders Pallas 50 Söhne, die ihn vom Throne stürzen wollten, möchten die Gunst des Minos erlangen. Deshalb ließ er dem Androgeos einen Hinterhalt legen und ihn töten. Das aber führte zum Kriege mit Minos, in welchem die Athener so sehr ins Hintertreffen gerieten, daß sie dem Minos für seiner Gattin Sohn, den Minotaurus, alle neun Jahre teuersten Tribut zollen mußten: sieben Jünglinge und sieben Maiden.

40 Der iterative Aspekt des Imperfekts (navigabant) ist hier deutlich.

41 Dia ist der Insel Naxos altehrwürdiger Name.

42 Auch dies ist ein aithiologischer Mythos, welcher die Ursache des Namens dieses Meeres erklärt.

43 Die leibliche Mutter des Hippolytos war Hippolyte, Königin der Amazonen.

44 Liest man die Überlieferungsvarianten zusammen, scheint Hippolytos von seinem Wagen gegen einen Ölbaum geschleudert

und dann von seinen Pferden geschleift und so zerrissen worden zu sein.

45 Diese Liste ist übersetzt worden, da Athen die bedeutendste Stadt Griechenlands gewesen.

46 Dieser ist des Kreon Sohn.

47 νῆσος bedeutet „Insel". Die Peloponnes ist also die „Pelopsinsel".

48 Paris, den die Ilias als einen verweichlichten Helden des Schlafzimmers zeichnet, verlor diese seine überragende Stärke offensichtlich dadurch, daß er die Angebote der beiden anderen Göttinnen ausschlug und das Geschenk der Aphrodite vorzog.

49 Deiphobos war der geliebteste Bruder des edlen Hektor und nach des Paris Tod Gatte der Helena. Er fiel durch das Schwert des Menelaos.

50 Als Herkeios (ἕρκος = „Umfriedung"; ἑρκεῖος = „zum Hause gehörig) beschützte Zeus das Haus.

51 Kassandra ist eine der tragischsten und edelsten Frauengestalten des griechischen Mythos und berühmt wegen ihrer stets richtigen, nie gehörten Weissagungen. Bemerkenswert ist, daß Priamos ihr in diesem einen Falle glaubte (weil er wollte) und so den Untergang Trojas einleitete, in dem anderen (Trojanisches Pferd) aber nicht (weil er nicht wollte) und so den Untergang Trojas besiegelte.

52 Aithra war die Gattin des Aigeus und Mutter des Theseus. Nachdem dieser Helena entführt und sie seiner Mutter übergeben hatte, kamen die Dioskuren, ihre Brüder, befreiten sie und gaben ihr Aithra als Sklavin.

53 Kastor und Polydeukes waren die Brüder der Helena.

54 Phalaris (+ 549 v. Chr.) war ein Tyrann zu Akragas, dessen Ausdehnung und Aufschwung er bewirkte. Seine Grausamkeit war allerdings sagenhaft und sprichwörtlich: Nachdem er, ein Kreter, den Tempel des Zeus Polios (Melkart-Moloch) erbaut, Geld und Ansehen erworben hatte, übernahm er mithilfe der Arbeiter die Herrschaft beim Fest der Demeter. Er eroberte das Umland und

wurde von der Übernahme Himeras, das ihn zu Hilfe gerufen, nur durch die Sage des Stesichoros (630 – 555 v. Chr.), das Pferd sei vom Menschen nur bezähmt worden, weil es diesen gegen den Hirschen zu Hilfe gerufen, abgehalten. Unter seiner Herrschaft gediehen zwar Philosophie und Kunst, doch letztere mißbrauchte er bis zu solchem Grade, daß er sich von Perilles einen bronzenen Stier, der innen hohl war, anfertigen ließ, um darin Menschen lebendig zu rösten (<= Molochglaube). Nachdem er zuerst den Perilles selbst gegrillt hatte, wurde endlich er selbst darin zu Tode gebracht. Andere sagen, die Philosophie habe seinen Sturz veranlaßt, indem Pythagoras (582 – 507 v. Chr.) durch ein Gleichnis eine Volkserhebung bewirkte.

55 Hier liegt eine Kombination zweier Geschichten vor: Harmodios und Aristogeiton wollten Hipparchos und Hippias, des Peisistratos (ca. 600 – 527 v. Chr.) Söhne, ermorden. Hippias entkam den Attentätern, Hipparchos ward von Harmodios und Aristogeiton ermordet. Thukydides berichtet, Hipparchos sei in Liebe zu Harmodios entbrannt, der sein Herz aber bereits Aristogeiton zugewandt habe. Von Harmodios zurückgewiesen, habe Hipparchos des Harmodios Schwester verboten, an den Panathenaien teilzunehmen, indem er behauptete, sie sei keine Jungfrau mehr. Das aber habe zu seiner Ermordung geführt. Eine zweite Geschichte, auf welche hier angespielt wird, ist jene der hochedlen Pythagoreerin Timycha, welche nebst ihrem Gatten Myllias von Kroton und acht anderen Pythagoreern von Dionysios II. (ca. 396 – ca. 337 v. Chr.) von Syrakus und dessen Soldaten verfolgt wurde, da der Tyrann ihre Geheimnisse wissen wollte. Timycha und Myllias überlebten als einzige und wurden auf die Folter gespannt. Timycha doch, obgleich hochschwanger, biß sich die Zunge ab und spuckte sie dem Tyrannen ins Gesicht!

Register der mythischen Namen

A

I

K

L

M

N

O

P

S

T

U

V

IM AD FONTES KLASSIKERVERLAG
IST WEITERHIN ERSCHIENEN

IMMANUEL KANT

Von den verschiedenen Rassen der Menschen
oder
Alle Neger stinken

48 Seiten ISBN 978-3-945924-16-7

Gustav Schwab

Die schönsten Sagen des
klassischen Altertums

Bildband

88 Seiten ISBN 978-3-945924-07-5

Platon

Apologie des Sokrates

88 Seiten ISBN 978-3-945924-23-5

Marc Aurel

Selbstbetrachtungen

232 Seiten ISBN 978-3-945924-24-2

Matthäus-Evangelium

Mit Illustrationen

156 Seiten ISBN 978-3-945924-25-9

Lucius Annaeus Senecio

Geschichte der griechischen
Philosophie in Anekdoten

Vorsokratiker

116 Seiten ISBN 978-3-945924-08-2

Niccolò Machiavelli

Der Fürst

116 Seiten ISBN 978-3-945924-36-5

Tacitus

Germania

48 Seiten ISBN 978-3-945924-35-8

Seneca

Epistulae morales
Briefe an Lucilius

Buch I	76 Seiten	ISBN 978-3-945924-09-9
Buch II	84 Seiten	ISBN 978-3-945924-10-5
Buch III	76 Seiten	ISBN 978-3-945924-11-2
Buch IV	76 Seiten	ISBN 978-3-945924-12-9
Buch V	80 Seiten	ISBN 978-3-945924-13-6
Buch VI	76 Seiten	ISBN 978-3-945924-14-3
Buch VII	80 Seiten	ISBN 978-3-945924-29-7
Buch VIII	92 Seiten	ISBN 978-3-945924-30-3
Buch IX	76 Seiten	ISBN 978-3-945924-31-0
Buch X	56 Seiten	ISBN 978-3-945924-33-4

einsprachig

Buch I	112 Seiten	ISBN 978-3-945924-01-3
Buch II	116 Seiten	ISBN 978-3-945924-02-0
Buch III	104 Seiten	ISBN 978-3-945924-03-7
Buch IV	112 Seiten	ISBN 978-3-945924-04-4
Buch V	120 Seiten	ISBN 978-3-945924-05-1
Buch VI	116 Seiten	ISBN 978-3-945924-06-8
Buch VII	116 Seiten	ISBN 978-3-945924-26-6
Buch VIII	124 Seiten	ISBN 978-3-945924-27-3
Buch IX	112 Seiten	ISBN 978-3-945924-28-0
Buch X	84 Seiten	ISBN 978-3-945924-32-7

zweisprachig